LES

FRÈRES PRÊCHEURS

A PAMIERS

AUX XIIIe ET XIVe SIÈCLES (1269-1333)

PAR

C. DOUAIS

Professeur à l'école supérieure de théologie de Toulouse

PARIS

ALPHONSE PICARD, LIBRAIRE-ÉDITEUR

82, RUE BONAPARTE, 82

1885.

DU MÊME AUTEUR

L'Église des Gaules et le Conciliabule de Béziers tenu en l'année 356. 1875, 1 vol. . . . . 3 »

Les Albigeois, leurs origines, 1880, 1 vol. in-8 . 7 50

De l'Enseignement de l'histoire ecclésiastique. 1882 . . . . 1 50

Le Siège de Carcassonne (1er-15 août 1209). 1882.

Les Sources de l'histoire de l'inquisition dans le midi de la France, aux XIIIe et XIVe siècles. Mémoire suivi du texte authentique et complet de la chronique de Guilhem Pelhisso, et d'un fragment d'un registre d'inquisition, publiés pour la première fois (épuisé). 1881. . . . .

L'Église et la Croisade contre les Albigeois 1882. 2 »

Le Pèlerinage de N.-D. de Pitié, de Mougères (Hérault), son histoire et son culte. 1883. . . . . 1 50

Soumission de la vicomté de Carcassonne par Simon de Montfort. 1884. . . . . 2 »

Essai sur l'organisation des études dans l'ordre des Frères prêcheurs au XIIIe et au XIVe siècle. 1884. . 8 50

Le P. Polycarpe de Marciac, capucin. 1884. . 1 »

De l'auteur du *Stimulus amoris*. 1885. . . . . 1 »

Les Frères prêcheurs en Gascogne au XIIIe et au XIVe siècle. Chapitres, couvents, notices. . . . .

PREMIÈRE PARTIE : Chapitres. 7 50

SECONDE PARTIE *sous presse*.

IMPRIMERIE PAUL BOUSREZ, 5, RUE DE LUCÉ, A TOURS.

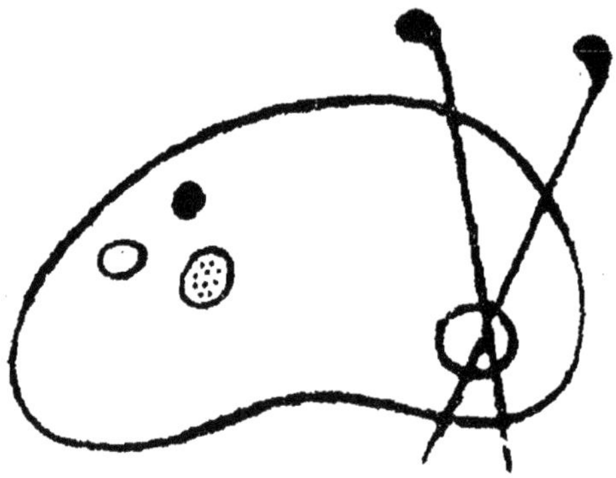

Fin d'une série de documents
en couleur

LES

FRÈRES PRÊCHEURS

A PAMIERS

AUX XIIIe ET XIVe SIÈCLES (1269-1333)

PAR

C. DOUAIS

Professeur à l'école supérieure de théologie de Toulouse

PARIS

ALPHONSE PICARD, LIBRAIRE-ÉDITEUR

82, RUE BONAPARTE, 82

Extrait des comptes rendus du Congrès tenu à Pamiers, par la Société française d'Archéologie, en mai 1884.

LES FRÈRES PRÊCHEURS A PAMIERS

AUX XIIIe ET XIVe SIÈCLES (1269-1333)

Tout le monde sait que les premières années du XIIIe siècle furent, pour le midi de la France, remplies d'agitations religieuses. Je ne rappellerais pas ici l'hérésie albigeoise qui, un instant, mit en question l'existence même du christianisme dans nos contrées, si je ne tenais à faire remarquer de suite que toutes les forces vives de la société s'employèrent avec zèle et ténacité à arrêter ce mouvement séparatiste, à relever la foi et à rétablir l'unité brisée des esprits : ceci est généralement plus ignoré ; ou plutôt on le dit moins volontiers. L'Église chercha et réussit à multiplier ses moyens d'action, autant ceux que les mœurs et le droit public lui mettaient en main que ceux dont elle disposait directement. Ainsi, on la vit successivement fonder, d'accord avec le pouvoir royal, l'université de Toulouse ; démembrer l'immense diocèse de cette ville, afin d'établir de nouveaux évêchés, comme à Pamiers à la fin du XIIIe siècle (1), pour rendre plus facile le ministère évangélique ; favoriser de tout son pouvoir le développement des ordres religieux mendiants. C'est à cette pensée que Pamiers dut d'avoir à la fin du siècle un tribunal inquisitorial, comme Toulouse et Carcassonne, alors que l'hérésie chercha et trouva un refuge dans les plis de ses montagnes (2). Le mouvement de restauration religieuse qui porta nos contrées au niveau perdu des autres pays chrétiens, amena jusqu'ici les soldats des deux milices évangéliques alors récentes, les Frères Mineurs et les Frères Prêcheurs. Quand B. Saisset, le premier évêque, par les soins duquel la *villa Appamiensis* devint la *civitas Appamiensis*, prit possession de son siège, il les y trouva fortement établis ; et les amis de l'abbé du monastère de Saint-Antonin de Frézelas furent désormais ses auxiliaires.

Je me propose de donner ici la notice abrégée du

(1) Bulle de Boniface VIII pour l'érection de l'évêché de Pamiers, *Romanus pontifex*, *Gall. Christ.* XIII, *Instrum.* 98.

(2) « Notandum quod hoc anno (1296) vel parum post, de villa Appamiensi que nondum erat civitas, dominus Bonifacius octavus Papa fecit civitatem novam, procurante et promovente viro venerabili ac memorie recolende domino Bertrando Sayssecti, abbate tunc monasterii canonicorum regularium Sancti Anthonini Episcopi et Martiris Mansi Appanarum (*sic*); et instruit ibi inquisitorem heretice pravitatis novum, fr. Ar^m^ Johannis, Tholosanum, ordinis nostri, et divisit episcopatum Tholosanum per limitatores istos, scilicet per Archiepiscopun Narbonensem, per dominum Jordanum Ferolli Carcassonensem. Episcopus vero primus factus fuit per ipsum papam civitatis predicte dominus B. Sayssecti. »

Ce *nota* transcrit à la marge des actes du chapitre provincial des Frères Prêcheurs tenu à Narbonne en 1296 (Bibliothèque publique de la ville de Toulouse, Ms. 490 (I. 273), f° 369 A) peut bien être de B. Gui lui-même.

couvent des Frères Prêcheurs, sous ces divers titres, le *Couvent et sa fondation*, les *Prieurs*, les *Visiteurs*, les *Études*, les *Chapitres*.

I

LE COUVENT — SA FONDATION

Ce fut à la fois convenance et justice que les Frères Prêcheurs vinssent s'établir de bonne heure à Pamiers. Dès l'origine de la Croisade contre les Albigeois, en septembre 1209, un mois à peine après le siège et la prise de Carcassonne (1), Vidal, abbé de Saint-Antonin de Frézelas, avait inféodé à Simon de Montfort, successeur du comte de Foix, le château de Pamiers, et avait partagé avec lui ses droits et possessions dans la ville (2). C'est à Pamiers que, le 1er décembre 1212, après la défaite des seigneurs de la vicomté de Carcassonne coalisés(3), Simon de Montfort avait promulgué avec le conseil de ses barons les coutumes à suivre dans les pays conquis sur les hérétiques (4). Pamiers lui apparut donc comme un lieu ami de l'Église et sûr pour lui-même. Mais surtout, Pamiers avait donné au célèbre évêque d'Osma, Didacus, un ami fidèle, alors que cet évêque

(1) Douais, *un Épisode des croisades contre les Albigeois : le Siège de Carcassonne, 1er-15 août 1209*, dans *Revue des questions historiques*, janvier 1882.

(2) Aug. Molinier, *Catalogue des actes de Simon et d'Amaury de Montfort*, n° 30.

(3) Douais, *Soumission de la vicomté de Carcassonne par Simon de Montfort et la Croisade contre Raymond VI, comte de Toulouse. Août 1209, avril 1211.*

(4) Aug. Molinier, *Catalogue des actes de Simon de Montfort*, n° 60, n° 61.

prêchait à Toulouse, et à saint Dominique un des quinze premiers compagnons qui adoptèrent avec lu la règle de saint Augustin, frère Guillaume Claret, plus tard prieur du monastère de Prouilles, mort religieux de l'abbaye cistercienne de Boulbonne (1). Enfin, Foulques, évêque de Toulouse pendant la Croisade, ami particulier de saint Dominique, bienfaiteur insigne de l'ordre naissant qu'il avait appelé de tous ses vœux, lui avait donné trois églises, l'une à Toulouse, la seconde à Pamiers, la troisième située entre Sorèze et Puylaurens, l'église de Sainte-Marie-de-Lescure (2).

(1) « Frater Guillermus Clareti Appamiensis. Hic, sicut videtur ex multis que circa hoc legi, fuit de domo et familia felicis recordacionis domini Didaci, Episcopi Oxomensis, tempore quo manebat in partibus Tholosanis... Hic Guillermus Clareti a principio fuit unus de sequacibus et sociis primitivis qui beato Dominico in predicacionis officio adheserunt. » — B. Gui, *Fratres qui cum beato Dominico regulam elegerunt*, Bibliothèque publique de la ville de Toulouse, ms. 490 (I, 273), f. 41 A-B. — « Frater Guillermus Clareti Appamiensis erat prior Pruliani, anno Domini M°CC° XVIII°, item M° CC° XIX°, item M° CC° XXII°, item M° CC° XXIIII°, item M° CC° XXIX°, sicut patet in quibusdam litteris ipsius monasterii, in quibus nominatur et inscribitur prior. Hic transtulit seipsum ad monachos albos Cisterciensis ordinis in abbacia de Borbona Appamiensis dyocesis, ut audivi dici; et ad eos transferre monasterium voluit; set, nolente Deo, minime valuit. Audivi dici quod una causa discessus istius fuit quia egre tulit quod ordo abrenunciavit possessionibus et redditibus prius habitis; nec ipse voluit consentire, set abiit. » B. Gui, *Priores monasterii Pruliani*. Bibliothèque publique de Toulouse, ms. 490 (I. 273), f° 106 A. — La pierre de fondation de la première abbaye de Boulbonne, avec inscription, vient d'être découverte et déposée par M. Grinda au Musée archéologique de la Société archéologique du Midi de la France.

(2) B. Gui, *Fundacio conventus Tholosani*. Bibliothèque publique de Toulouse, ms. 490 (I. 273), f° 116 A.

Or, les Frères Prêcheurs n'avaient pris possession que de Saint-Romain de Toulouse. Ils eurent à cœur de s'établir dans un lieu que Foulques leur avait désigné. Ils l'aimaient déjà ; et, du reste, il avait quelque importance ; il devait leur fournir un centre d'action dans la vallée de l'Ariège et dans le Sabartès. Effectivement, tandis qu'il leur arriva souvent de ne s'établir dans une ville que sur la demande et avec les dons d'un riche bourgeois, d'un seigneur ou d'un évêque, comme à Saint-Girons, la fondation du couvent de Pamiers fut due à leur initiative. B. Gui, l'historien de cette fondation, en attribue la pensée au chapitre provincial qui se réunit à Béziers, le dimanche 21 juillet de l'année 1269 (1270) ; ou plutôt, c'est à ce chapitre que l'on se décida et que l'on prit les premières mesures pour réaliser une pensée chère. Quand il s'agissait de fonder un couvent, les Frères Prêcheurs procédaient avec lenteur ; d'ordinaire, deux religieux étaient d'abord envoyés pour examiner et étudier la position ; puis, si l'endroit paraissait propice, non seulement au ministère évangélique, mais surtout pour l'accomplissement des devoirs de la vie religieuse, on commençait à s'établir, mais uniquement à titre provisoire. Dans le langage dominicain, la nouvelle maison s'appelait *un lieu*, « *locus* ; » elle était gouvernée par un *vicaire*. Ce n'est qu'après avoir été définitivement reçue qu'elle prenait la dénomination de *couvent*, « *conventus* ; » le couvent était gouverné par un *prieur*. Le chapitre provincial de 1269 désigna donc frère Péregrin et frère Guillaume Blanc pour préparer la fondation définitive du couvent de Pamiers. Ils durent s'inspirer des conseils de frère Régis de Fanjeaux (Aude), alors prieur du couvent de Toulouse, religieux considérable dans son ordre :

ils ne purent rien décider qu'avec son consentement.

Probablement, ou plutôt certainement, les deux religieux délégués par le chapitre provincial trouvèrent à Pamiers un excellent accueil. Une maison à peu près appropriée dut être mise à leur disposition : des derniers jours de juillet, époque où fr. Péregrin et fr. Guillaume Blanc purent au plus tôt se rendre à Pamiers, au 1er novembre suivant, jour où le *lieu*, pour parler le langage dominicain, fut inauguré; il n'y avait pas le temps nécessaire pour bâtir de vastes locaux; il n'y avait que le temps de mettre en état, en se pressant beaucoup, une maison déjà construite. Plus tard, quand la fondation fut assurée et florissante, elle reçut les agrandissements nécessaires. B. Gui, qui, dans son histoire des couvents, n'oublie jamais de noter les agrandissements successifs, n'en a cependant rien dit. Comme il composa l'histoire des couvents en 1311, on pourrait, en se fondant sur cet unique document, induire que ces agrandissements furent postérieurs à cette date.

Le petit séminaire occupe aujourd'hui le couvent qui fut rétabli à la fin du XVIIe siècle sur les ruines de l'ancien, détruit par les calvinistes (1).

Ce fut une fête solennelle et populaire pour Pamiers que l'inauguration de la nouvelle maison. Au milieu d'un immense concours de peuple et en présence d'un nombreux clergé, l'évêque diocésain, — Pamiers appartenait encore au diocèse de Toulouse, — Raymond du Fauga, dominicain avant d'être élevé à

(1) M. J. de Lahondès, *Annales de Pamiers*, I, 88. — *Cf. Catalogue des actes relatifs à l'église de Pamiers*, LXXXVI, dans *Hist. gén. de Languedoc*, ed. Privat, tom. V.

l'épiscopat, successeur de Foulques, vieillard vénérable et respecté, gouvernant depuis trente-huit ans déjà ce diocèse de Toulouse assez étendu pour fournir au XIVe siècle la majeure partie des paroisses de cinq autres diocèses, tout en restant grand lui-même, Raymond du Fauga célébra solennellement la messe, bénit le cimetière des Frères et prêcha au clergé et au peuple. C'était le jour même de la Toussaint, 1269 (1270).

La maison, le *lieu* inauguré si solennellement eut pour vicaire fr. Bernard Gautier, qui avait fait sa profession au couvent de Toulouse. Ainsi, ce furent les frères du couvent de Toulouse, comme étant le plus rapproché, qui s'occupèrent le plus activement de la fondation de Pamiers : l'un des deux délégués, fr. Péregrin, était sous-prieur du couvent de Toulouse en 1266 (1267) (1) ; c'est le prieur du couvent de Toulouse, frère Pierre Régis, qui les soutint de ses conseils ; et le vicaire fut un frère prêcheur toulousain.

Mais le *lieu* ne tarda pas à être institué en couvent. Tandis qu'en beaucoup d'autres endroits, cette installation se faisait attendre, ici elle ne rencontra aucune difficulté. Après onze mois de séjour, Pamiers était déjà une patrie pour les Frères Prêcheurs. Le chapitre provincial de l'année 1270 (1271), tenu à Sisteron (Basses-Alpes), le 29 juin, y institua le *couvent;* il en nomma le prieur, qui fut fr. Guillaume Garin, originaire de Fanjeaux (Aude), et le lecteur ou professeur de théologie, qui fut fr. Pierre Durand (2). Douze frères prêtres furent dési-

(1) *Act. cap. prov.*, Bibl. publique de la ville de Toulouse, ms. 490 (I, 273), f° 301 B.

(2) « Ponimus conventum in loco Appamiarum, et instituimus

gnés pour le nouveau couvent (1) avec quatre frères convers : ainsi, dès le premier jour, le couvent compta dix-huit religieux.

Leurs obligations et leur vie se résumaient en ces mots : se mortifier, prier, étudier et prêcher. Le chapitre de 1270 (1271) prit donc soin lui-même de délimiter la sphère de l'action évangélique du couvent de Pamiers. Chaque couvent formait une *Prédication;* c'était le mot consacré. Il embrassait une certaine étendue de pays, dans les limites de laquelle ses religieux prêchaient; il formait une circonscription pour le ministère extérieur, comme la paroisse, comme le diocèse, avec cette différence essentielle cependant que la circonscription des couvents ne conférait aucun droit, aucune juridiction, était établie simplement pour le bon ordre, et résultait d'une simple entente entre les couvents approuvée par le chapitre. Rarement, le chapitre s'occupait d'en fixer lui-même les limites : il confiait ce soin à des *delimitatores;* ce cas était le plus fréquent. Je ne connais qu'un seul couvent du midi et du sud-ouest de la France dont le chapitre ait lui-même circonscrit la *prédication* : c'est le couvent de Pamiers. Ainsi, ce couvent est le seul dont les limites nous soient parvenues. Les actes du chapitre provincial de 1270 (1271) nous les ont conservées en ces termes : « Assignamus predicationem conventui Apamiensi Savartesium, Dunesium et episcopatum Cosoranensem,

priorem fratrem Wum Garini, et damus lectorem fratrem P. Durandi. » — *Act. cap. prov.*, Bibl. publique de la ville de Toulouse, ms. 490 (I, 273), f° 310 A.

(1) B. Gui a donné leurs noms. Pièces justificatives, I. *Fondation du couvent de Pamiers.*

et per alias partes circumquaque III. leucas, excepto quod Sancta Gavella remaneat Tholose (1). » Les limites de la *prédication* de Pamiers s'étendaient donc plus loin, surtout vers l'ouest, que les limites du diocèse actuel.

Ces limites ne furent pas longtemps maintenues; elles durent se rétrécir, quand Rieux en 1272 (2) (1273), Saint-Gaudens en 1290 (3) (1291), Saint-Girons en 1306 (4) (1307), trois petites villes bien rapprochées, eurent chacune un couvent. A ma connaissance, elles furent modifiées à deux reprises, d'abord en 1310 (1311), par les soins de trois religieux, fr. Arnauld Payan, fr. Gérauld de Blumac et fr. Athon de Morères (*de Moreriis*) (5); ensuite en 1312 (1313),—ce qui laisse entendre que des réclamations se produisirent, — par les soins de deux religieux, fr. Bernard du Ramet (?) (*de Rameto*) et fr. Jean Julien (6).

Le couvent était donc fondé; ses religieux étaient déjà en nombre; les limites de cette nouvelle *prédication* étaient fixées. Les moyens de subsistance n'avaient pas manqué dès le premier jour. Le 21 juillet 1269, (1270), le chapitre provincial avait délégué frère Péregrin et frère Guillaume Blanc : le 1er novembre suivant, Raymond du Fauga, évêque de Toulouse, avait solennellement inauguré le nouveau *lieu;* et c'est le 16 décembre de cette même année que saint Louis «or-

(1) Biblioth. publique de la ville de Toulouse, ms. 490 (I, 273), f° 310 A-B.

(2) B. Gui, *Fund. conv. Rivensis*. Ib. f° 210 A.

(3) B. Gui, *Fund. conv. Sancti Gaudencii*. Ib. f° 231 A.

(4) B. Gui, *Fund. conv. Sancti Geroncii*. Ib. f° 239 A.

(5) Pièces justificatives, VII. *Chap. prov. de* 1310.

(6) *Chap. prov. tenu à Carcassonne en* 1312. Biblioth. publ. de la ville de Toulouse, ms. 490 (I, 273), f° 416 B.

donnait au sénéchal de Carcassonne de payer exactement aux Frères Prêcheurs de Pamiers dix sous tournois par semaine pour leur subsistance et quinze livres par an pour leur vestiaire (1). » Apparemment, les Frères Prêcheurs de Pamiers disposèrent de ressources plus grandes pour se nourrir et se vêtir : autrement, ils se se fussent imposé des sacrifices que la règle ne prévoyait point. Mais ces ressources les aidèrent heureusement durant les premiers jours.

Le couvent de Pamiers fut le trente-troisième des couvents fondés par les Frères Prêcheurs dans le midi de la France et le dix-septième dans le sud-ouest (2). Jusqu'en 1303 (1304), il appartint à la province dominicaine appelée par B. Gui : « *Provincia Provincie antiqua.* » Après 1303 (1304), année où se fit le démembrement de la première province de Provence, il entra dans la « province de Toulouse ».

En 1275, la province fut divisée par le chapitre en six vicairies : la vicairie de Marseille, la vicairie d'Avignon, la vicairie de Montpellier, la vicairie de Toulouse, la vicairie de Limoges et la vicairie de Bordeaux (3). Le couvent de Pamiers fut compris dans la vicairie de Toulouse. Cette division de la province disparut en 1292.

Chaque couvent était représenté au chapitre provincial annuel par son propre prieur. Le rang que celui-ci y occupait se réglait sur la date même de la fondation

(1) *Catalogue des actes relatifs à l'Église de Pamiers*, LIII, dans *Histoire génér. de Languedoc*, édit. Privat, V.

(2) B. Gui, *Catal. conv.* Biblioth. publ. de la ville de Toulouse, ms. 490 (I, 273), f° 76 A-B, 77 A-B.

(3) *Act. cap. prov.* Biblioth. publ. de la ville de Toulouse, ms. 490 (I, 273), f° 319 A-B.

de son couvent : le plus ancien avait le pas sur le plus récent. C'est d'après ce principe qu'au chapitre provincial, le prieur du couvent de Pamiers était placé le neuvième, « *in dextro choro,* » à droite du président. Disons donc un mot de ses prieurs les plus distingués au XIIIe et au XIVe siècle.

II

LES PRIEURS LES PLUS REMARQUABLES DU COUVENT DE PAMIERS

Devenu, le 29 juin 1270 (1271), un centre de vie religieuse, d'étude et de prédication, le couvent de Pamiers fut désormais gouverné par un prieur. D'après la règle, le prieur devait être élu et l'élection approuvée par le Provincial ; ce n'est qu'exceptionnellement que celui-ci le désignait directement et de lui-même. Le prieur était soumis au Provincial, au Maître et aux Constitutions. Il avait sous lui un vicaire ; les trois religieux les plus recommandables du couvent formaient son conseil. Il avait toute autorité sur les étudiants pendant leur séjour dans le couvent ; mais le lecteur et le maître des étudiants étaient comme les intermédiaires naturels entre le prieur et eux.

De 1270 (1271) à 1333 (1334), année à laquelle le document que j'ai consulté s'arrête, trente et un prieurs se succédèrent au couvent de Pamiers. Parmi ces trente et un prieurs, quatre furent réélus : ainsi, dans l'espace de soixante-trois ans, le nombre des renouvellements des prieurs s'éleva à trente-cinq. Je ne les énumère pas ici : on trouvera leurs noms dans le document qui me les fournit et que je publie (1) ; seulement, il me sera permis de distinguer et de détacher ceux qui, parmi eux, furent les plus remarquables, soit par les fonctions qu'ils remplirent, soit par leurs mérites personnels.

Fr. Raymond Sicred, le second prieur (1272-1273), originaire du *Bourg* de Carcassonne (*de Burgo Carcassonensi*), remplit la charge estimée et parfois délicate de visiteur à plusieurs reprises.

Il visita en 1266 (1267) les couvents de Toulouse et de Castres, et le monastère de Prouilles (2) ;

En 1270 (1271), les couvents de Perpignan, de Narbonne, de Béziers et de Montpellier (3) ;

En 1273 (1274), ces quatre mêmes couvents (4);

En 1275 (1276), les couvents de Toulouse, de Pamiers, de Rieux, de Castres, le *lieu* d'Albi et le monastère de Prouilles (5) ;

En 1279 (1280), ces mêmes couvents, et de plus celui de Montauban (6).

Fr. Guillaume Garin, originaire de Fanjeaux fut le premier prieur de Pamiers (1270-1271). Réélu prieur en 1273, il gouverna le couvent jusqu'en 1274, année de sa mort. Il était l'oncle du fr. Pierre Régis (7), le prieur

(1) Pièces justificatives, I. *Fundacio conventus Appamiensis.*

(2) *Act. cap. prov.* Biblioth. publ. de la ville de Toulouse, ms. 490 (I, 273), f° 301 B.

(3) *Ibid.*, f° 310 A.

(4) *Ibid.*, f° 315 B.

(5) *Ibid.*, f° 320 A.

(6) *Ibid.*, f° 327 B.

(7) B. Gui, *Priores in conventu Carcassonensi.* Biblioth. publ. de la ville de Toulouse, ms. 490 (I, 273), f° 156 B.

du couvent de Toulouse, par les conseils duquel la fondation de Pamiers avait été conduite. C'était un religieux de renom ; en 1269, il avait été nommé prédicateur général (1), titre fort estimé qui lui permettait de prêcher dans les grandes villes et lui conférait le droit de disposer d'un sceau particulier. Auparavant il s'était fait connaître comme prieur des couvents de Montauban (après 1259) (2), de Carcassonne (1264-1266) (3) et de Castres (1266-1268) (4).

Fr. Jean de Genestet, de Montpellier, fut, avec fr. Raymond Hunaud, dont je parlerai tout à l'heure, le plus distingué des prieurs du couvent de Pamiers. (Sixième prieur, 1281-1283.) Les charges qu'il remplit pendant cinquante années de vie religieuse permettent de le compter au nombre des religieux les plus considérés et les plus influents de la première province de Provence. Ce n'est pas seulement à Pamiers qu'il remplit la charge de prieur, mais encore dans quatre autres couvents plus considérables, celui de Béziers (1275-1276) (5), celui de Castres (1286-1287) (6), celui de Narbonne deux fois, d'abord de 1287 à 1288, puis de 1290 à 1292 (7), enfin celui de Montpellier deux fois également, de 1274 à 1278, de 1296 à 1297 (8). Le couvent de Montpellier qu'il gouverna avait le *Studium generale*, c'est-à-dire les cours

(1) *Act. cap. prov. Ibid.*, f° 307 B.

(2) B. Gui, *Priores in conventu Montis Albani. Ibid.*, f° 169 A.

(3) B. Gui, *Priores in conventu Carcassonensi. Ib.*, f° 156 B.

(4) B. Gui, *Priores in conventu Castrensi. Ib.*, f° 184 A.

(5) B. Gui, *Priores in conventu Bitterrensi.* Biblioth. publ. de la ville de Toulouse, ms. 490, f° 259 B.

(6) B. Gui, *Priores in conventu Castrensi. Ib.*, f° 185 A.

(7) B. Gui, *Priores in conventu Narbonensi. Ib.*, f° 256 A.

(8) Gui, *Priores in conventu Montispessulani. Ib.*, f° 253 A, B.

supérieurs de l'enseignement philosophique et théologique; fr. Jean de Genestet devait, ce semble, se recommander, non pas seulement par les qualités de l'administrateur, mais aussi par une aptitude reconnue aux choses de l'enseignement. Du reste, il fut désigné comme prédicateur général en 1277 (1); et ce titre seul, donné à un si petit nombre de frères, consacrant des services considérables déjà rendus et de sérieuses qualités d'esprit et de parole, suffisait à lui faire une place à part. Comme religieux, il jouit d'une grande et universelle estime, en un temps où la ferveur si soutenue dans l'ordre s'éleva souvent jusqu'à l'héroïsme.

Il visita, en 1274, les couvents d'Alais, de Nîmes, de Tarascon et d'Arles (2);

En 1284, les couvents de Nice, de Grasse, de Sisteron, de Valence et de Die (3);

En 1286, ceux de Marseille, de Tarascon, d'Arles, d'Orange et d'Avignon (4);

En 1287, ces mêmes couvents avec celui d'Aix (5);

En 1292, ces mêmes couvents encore (6), ainsi qu'en 1296 (7);

En 1299, les couvents du Puy, de Marvejols, d'Aubenas, d'Alais et de Nîmes (8).

Quand Raymond de Meüillon, autrefois frère prêcheur et délégué en Angleterre à l'occasion de l'opposi-

(1) *Act. cap. prov. Ibid.*, f° 324 A.
(2) *Ibid.*, f° 318 A.
(3) *Ibid.*, f° 338 B.
(4) *Ibid.*, f° 343 A.
(5) *Ibid.*, f° 345 B.
(6) *Ibid.*, f° 360 A.
(7) *Ibid.*, f° 370 A.
(8) *Ibid.*, f° 378 B.

tion anti-thomiste des frères de ce pays en 1278, devenu archevêque d'Embrun (1), demanda, en 1294, qu'un couvent fût fondé au Buis dans son propre diocèse, c'est frère Jean de Genestet qui y fut envoyé pour tout préparer et assurer cette fondation (2). En 1299, il confirma, à titre d'ancien, l'élection de frère B. de Juzix, nommé provincial par le chapitre qui se tint à Perpignan le dimanche dans l'octave de la fête des apôtres saint Pierre et saint Paul (3). Enfin il s'en vint mourir, dans sa propre ville natale, au couvent de Montpellier, dans les dernier jours de décembre de l'année 1301. Il avait alors cinquante ans de profession religieuse.

Deux ans avant lui était mort fr. Raymond Hunaud, de Toulouse, un de ses successeurs au couvent de Pamiers et l'un des religieux les plus aimés de l'ordre, grand par la naissance, la réputation et la vertu. Voici les renseignements positifs que, l'histoire des couvents par B. Gui et les actes des chapitres povinciaux me fournissent à son sujet.

Premier lecteur de théologie au couvent de Rieux en 1275 (4), lecteur de théologie au couvent de Figeac

(1) Voyez sa notice dans mon *Essai sur l'organisation des études dans l'ordre des Frères Prêcheurs au* XIIIe *et au* XIVe *siècle*, p. 92.

(2) B. Gui, *Fundat. conv. de Buxo.* Ibid. f° 269 A.

(3) « In isto provinciali capitulo, sabbato precedenti, electus fuit frater B. de Jusico concorditer et in pace, et ibidem confirmatus per tres antiquiores electores, cum ordo Magistro careret, qui fuerunt fr. Jo. de Genesteto, quinquagenarius [in] ordine, fr. R. Severi, quinquagesimum annum agens in ordine, fr. Jo. Vigorosi, prior tunc existens Sancti Maximini, XLIX annos quasi habens in ordine. » Ib. f° 377 A.

(4) Ib. f° 210 A.

en 1277 (1), cette même année il fut nommé prédicateur général (2). En 1278, envoyé au *Studium generale* de Paris pour y prendre ses grades (3), il y passa trois ans. A son retour, il enseigna la théologie successivement au couvent de Montauban en 1281 (4) et au couvent de Pamiers en 1282 (5). Après cette date, élu prieur successivement du couvent de Rieux (1282-1285) (6), du couvent de Pamiers (1285) (7), où il ne resta que trois mois (octobre-décembre), et du couvent de Toulouse (1285-1294) (8), il remplit plusieurs fois dans cet intervalle de temps la charge de définiteur au chapitre provincial, qui ne comptait jamais plus de quatre définiteurs : ainsi en 1286 (9), en 1288 (10), en 1292 (11) et en 1294 (12). Il fut désigné en 1295 pour être un des électeurs du Maître de l'ordre (13). Enfin, provincial de la première province de Provence en 1295 et vicaire général de l'ordre, il mourut à Toulouse en 1299, le 10 de mai. Sa mort fut un deuil pour tout l'ordre. Fr. Durand, prieur du couvent de Perpignan, et vicaire de la province, la communiqua par une lettre spéciale à tous les couvents, conçue en ces termes : « Reverendis in Christo

(1) Bibl. de Toulouse, ms. 490, f° 323 B.
(2) Ibid., f° 324 B.
(3) Ibid., f° 325 A.
(4) Ibid., f° 322 A.
(5) Ibid., f° 334 B.
(6) B. Gui, Ibid., f° 210 B.
(7) Ibid., f° 204 B.
(8) Ibid., f° 120 B.
(9) Ibid., f° 342 A.
(10) Ibid., f° 347 A.
(11) Ibid., f° 359 A.
(12) Ibid., f° 464 B.
(13) Ibid. f° 368 B.

patribus, prioribus et conventibus ordinis fratrum predicatorum Tholosano et Carcassonensi, et aliis universis prioribus et conventibus, vel eorum vicariis in provincia Provincie constitutis, frater Durandus fratrum ejusdem ordinis in Pirpiniano servus et prioris provincialis lamentabiliter vices gerens, salutem cum reverentia debita et recommendacione devota. — Gravis casus et nobis plurimum dolorosus, quem vos et latere non credo, non sine cordis gemitu vobis scribere me compellit. Que menim non moveat ad statum suum compassionis affectus, cujus [viderit] personas insignes, majores et plures tam frequenti jactura tolli de medio et a nostro consorcio separari? Venerabilis siquidem pater ac felicis recordacionis frater R[aymundus], prior condam memorate provincie, non est diu ; cum ad conventum Tholosanum post multarum terrarum circuitum pervenisset, in crastino festi Corone Domini secundo (1), arripuit eum febris continua et multum gravis, de qua laborans, in quarta feria post festum Beati Johannis ante Portam latinam, circa horam sextam, dies suos feliciter consummavit. Feria namque sexta ante, licet esset nimis debilis et infirmus, in altari majori audita missa, devote sacram communionum recepit coram toto conventu ; et ibidem capitulum tenuit et absolutionem generalem fecit pro tota provincia ; et post, sacram unctionem devote recepit, psalmos cum fratribus dicens, et multa alia signa memorie digna ostendens, sicut talem fratrem decebat dies suos finiens et in plena noticia perseverans (2). »

Fr. Raymond Hunaud fut enseveli au couvent de

(1) 4 mai.

(2) Ms. 490., f° 375 B, f° 376 A. Cette lettre est rédigée d'après le rythme prosaïque du XIIIe siècle.

Toulouse auprès de fr. B. Gérauld. A l'occasion de sa mort, on composa les vers suivants :

O Reymunde, pater, Hunaudi nomine frater,
Nos lactans mater, sacians quoque nectare crater;
Fama, genus, mores, sapientia, virtus, honores,
Te magnis dignum reddunt cunctisque benignum.
De via direxit fratres ac se bene rexit;
Nil quoque neglexit vigilans, infirmaque vexit (1).

Fr. Jean de Genestet avait eu pour successeur un religieux de Pamiers, fr. Guillaume de Léñac ; de même, un frère originaire de Pamiers, ou tout au moins profès du couvent, fr. Raymond du Puy, succéda à fr. Raymond Hunaud. Fr. Raymond du Puy gouverna le couvent deux ans, de 1285 à 1287; le chapitre provincial de 1287 tenu à Bordeaux le désigna pour être sous-prieur du monastère de Prouilles. C'est là qu'il mourut en 1297 ou 1298, dans un âge avancé, « ayant servi, selon l'expression discrète de B. Gui, dans une grande charité. »

Dix ans plus tard, en 1297, nous trouvons encore comme prieur un frère profès du couvent de Pamiers, fr. Arnaud Guillaume de Lordat. C'est le 18 juin 1273, que celui-ci était entré dans l'ordre : ainsi il avait été une des premières recrues du couvent de Pamiers. Il remplit des charges estimées : d'abord professeur de logique au couvent d'Albi, en 1283 (2), il enseigna la théologie successivement dans les couvents de Rieux

(1) Bibl. de Toulouse, ms., 490, f° 377 A.
(2) F° 336 B.

en 1290 (1), de Collioure en 1291 (2), de Montauban en 1293 (3), et de Perpignan en 1296 (4). Prieur du couvent de Pamiers deux fois, de 1297 à 1299, de 1301 à 1303, il fut nommé prédicateur général en 1302 (5), et c'est lui qui, en 1306, reçut commission de voir s'il était possible d'établir un couvent à Saint-Girons (6). Tout à l'heure je reviendrai sur cette fondation. Il visita en 1299 les couvents de Montauban, de Cahors, de Figeac, de Rodez et de Milhau (7); en 1303 et en 1310, les couvents de Condom, d'Agen, de Lectoure, d'Auvillar et le monastère de Pont-Vert (8). Il mourut au couvent même de Pamiers, en 1316, dans les premiers jours de mai, ayant quarante ans de vie religieuse.

Après lui, je trouve quelques autres prieurs originaires de Pamiers ou du pays de Pamiers : ainsi fr. Dominique Fontaine (*Dominicus de Fonte Appamiensis*), prieur de 1303 à 1305, qui mourut à Poitiers, « in Curia, » en 1308; fr. Germain de Mazères, prieur de 1307 à 1309; fr. Galard de Pomiés (*Gualhardus de Pomeriis*), prieur en 1320; fr. Athon Ari de Saverdun (*de Castello Verduno*), prieur de 1321 à 1323; fr. Raymond Barthe, prieur de 1324 à 1327; fr. Germain Pierre, prieur en 1327; fr. Jacques Barthélemy, prieur de 1331 à 1333; et fr. Raymond Bayonne, prieur en 1333.

Je devais faire spécialement mention de ces prieurs

(1) Ms. 490, fo 352 A.
(2) *Ibid.*, fo 357 A.
(3) *Ibid.*, fo 363 A.
(4) *Ibid.*, 369 A.
(5) *Ibid.*, fo 386 B.
(6) B. Gui, *Fund. convent. Sancti Geruncii. Ibid.*, fo 239 A.
(7) *Act. cap. Ibid.*, fo 378 A.
(8) *Ibid.*, fo 388. B., fo 409 B.

qu'un double lien, celui de la naissance et celui de la religion, rattache à Pamiers. Aussi bien, le couvent des Prêcheurs de Pamiers offre cette particularité exceptionnelle, unique à ma connaissance, d'avoir été gouverné, non pas uniquement, mais le plus longtemps et le plus souvent, par des religieux qui y étaient nés à la vie monastique et y avaient appris les devoirs austères du cloître.

Cherchons à connaître maintenant les visiteurs qui, au nom de l'ordre et de la province plus spécialement furent chargés de s'assurer par eux-mêmes de la bonne tenue du couvent de Pamiers.

III

LES VISITEURS

C'était là, en effet, le devoir principal des visiteurs. Ils se rendaient à chacun des couvents dont la visite leur était assignée pour tout examiner par eux-mêmes, cloître, cellules, écoles, chapelle; pour veiller à ce que tout fût conforme aux règles et à l'esprit de l'ordre et à ce que la règle fût obéie par chacun des frères, depuis le convers jusqu'au prieur. Le visiteur avait donc une mission importante à remplir. Il était chaque année nommé en chapitre provincial. On choisissait parmi les frères les plus recommandables; car, comme le chapitre provincial de 1326, tenu à Pamiers, le disait : ils étaient nommés « non pour dissiper la *religion*, mais pour la corriger ; » dès lors, ils devaient ne point être en défaut avec la règle. Sous prétexte de voyage ou de fatigue, ils ne pouvaient s'accorder aucun adoucissement, si ce n'est dans le cas de nécessité véritable. Ils n'étaient point autorisés à faire un long séjour dans chacun des quatre ou cinq couvents qu'ils avaient à visiter. Ils ne portaient point d'argent avec eux : à quoi bon ? Le couvent visité se chargeait du voyage jusqu'au couvent à visiter. Le chapitre provincial de 1310 tenu encore à Pamiers leur faisait un devoir de commencer ces visites dans la semaine de Pâques : elles devaient être terminées dans l'octave de la fête de la Trinité, au plus tard : au XIIIe et au XIVe siècle, la fête de la Trinité avait une octave.

Je donne ici le tableau des visiteurs du couvent de Pamiers de 1272 à 1342, d'après les actes des chapitres provinciaux (1).

1272, fr. de Ponciac, f° 313 A.
1273, fr. P. *de Fabrica*, f° 315 B.
1274, fr. Bernard Garin, f° 317 B.
1275, fr. Raymond Sicred, f° 320 A.
1276, fr. Guillaume de Saint-Astier, f° 323 A.
1277, fr. Jean Poiada, f° 324 A.
1279, fr. Pierre Sicred, f° 327 A.
1280, fr. Bernard de Bociac, f° 330 B.
1281, fr. Bérenger de Saint-Symphorien, f° 332 B.
1282, fr. G. Galin (*Galini*), f° 335 B.
1283, fr. Guillaume Arnaud, f° 336 B.
1284, fr. Bertrand de Castelnau, f° 338 B.
1285, fr. R. Guilabert, f° 340 B.
1286, fr. Étienne de Cahors, f° 343 A.
1287, fr. P. Raymond Baragnon, f° 346 A.

(1) Bibl. publique de la ville de Toulouse, ms. 490 (I, 273).

1288, fr. Pierre *de Tapia,* f° 348.
1289, fr. B. Grandis, f° 351 A.
1290, fr. Guillaume Fabre, f° 353 B.
1291, fr. G. Bermond, f° 358 B.
1292, fr. B. Grandis, f° 360 B.
1293, fr. Odon de Causenx, f° 364 A.
1294, fr. Ber. *de Verissano,* f° 366 A.
1295, fr. G. Bermond, f° 368 A.
1296, fr. Pierre Arnaud, f° 370 A.
1297, fr. P. Coppelli, f° 372 A.
1298, fr. Arnaud Jean de Cahors, f° 373 B.
1299, fr. Guillaume Belhomme, f° 378 A.
1300, fr. B. de Barcelonne, f° 380 A.
1301, fr. Hélie Arnaud, f° 384 A.
1302, fr. G. Bermond, f° 385 A.
1303, fr. G. de Malartic, f° 388 B.
1304, fr. R. *Extranei,* f° 390 B.
1305, fr. Pierre de Maslac, f° 393 B.
1306, fr. Arnaud Vital, f° 396 B.
1307, fr. Sixte de Cahors, f° 399 A.
1308, fr. Guillaume d'Orléans, f° 402 A.
1309, fr. Raymond Maurel, f° 406 B.
1310, fr. Arnaud du Bosc (*de Bosco*), f° 409 B.
1311, fr. Bertrand de Massat, f° 412 B.
1312, fr. Guillaume d'Orléans, f° 415
1313, fr. Hélie du Plan (*de Planis*), f° 418 B.
1314, fr. B. *Ripparie*, de Brives f° 421 A.
1315, fr. Aymeric de Miremont. Ms. 488, f° 73 C.
1316, fr. S. Fulcoy (*Fulcodii*), f° 424 A.
1317, fr. Vital de Bedac, f° 427 B.
1318, fr. Pierre Calvier (*Calverie*), f° 430 A.
1319, fr. G. Boet (*Boethi*), f° 432 B.
1320, fr. Jean Ferrier, f° 435 A.

1321, fr. Guillaume *de Boria,* f° 438 B.
1322, fr. P. Bories, f° 440 B.
1323, fr. P. *de Castro,* f° 442 B.
1325, fr. Jean de Maison (*de Domo*), f° 447 A.
1326, fr. Guillaume Galaub (*Galaubi*), f° 451 B.
1327, fr. Garsias Barte, f° 453 A.
1328, fr. Pons *de Brezis,* f° 455 B.
1329, fr. Jean de Rieux, f° 458 B.
1330, fr. Fortanier de Pierrelongue, f° 461 A.
1331, fr. P. *de Senseriis,* f° 462 B.
1332, fr. Gui Robert, f° 467 A.
1333, fr. Gui Bosc (*Boscoti*), f° 470 B.
1334, fr. Ber. de Sensac, f° 473 A.
1335, fr. B. Ortholan, f° 475 B.
1336, fr. Pierre *de Gardera,* f° 480 A.
1337, fr. Philippe de Combel (*de Combellis*), f° 483 A.
1338, fr. Garcias Barthe, f° 486 B.
1339, fr. Arnaud Babon (*Babonis*), f° 489 B.
1340, fr. Gui de Mortemort, f° 493 A.
1341, fr. Pons de Manignac, f° 498 A.
1342, fr. Bernard de Montaner (*de Monte Anerio*), f° 499 A.

Telle est la liste des visiteurs du couvent de Pamiers. Si on l'examine de près, on remarquera que la visite ne fut confiée que deux fois au même frère. Ce n'est qu'exceptionnellement, en effet, qu'un même frère visitait une seconde fois les couvents déjà visités par lui ; l'usage consacrait ce point dans la pratique ; et une sainte prudence inspirait cet usage. On peut voir là une preuve, entre mille autres, que l'ordre avait le désir ardent de corriger tous les abus, même les moindres défauts : un léger manquement qu'un visiteur ne remarquait pas ou ne corrigeait qu'imparfaitement était vu, corrigé et prévenu par un autre. On peut croire que l'intensité de ferveur qui signala l'ordre des Frères Prêcheurs au XIIIe siècle (1) fut due en partie à ces visites annuelles et au renouvellement incessant des visiteurs.

IV

LES ÉTUDES

Le recrutement de l'ordre des Frères Prêcheurs, dont le nombre, au XIIIe siècle, s'éleva à des chiffres étonnants, se faisait par une voie à peu près régulière, consacrée par l'usage. Chaque couvent formait une *prédication*, dans le sens que j'ai expliqué ; naturellement, les jeunes hommes qui se sentaient de l'attrait pour la règle des Frères Prêcheurs allaient frapper à la porte du couvent voisin, dans les limites duquel ils habitaient. Une fois reçus, ces jeunes gens appartenaient à la *prédication* qui les avait admis ; le couvent se chargeait d'abord de les former à la vie religieuse, et puis de les instruire. Pendant le premier siècle de l'ordre, il n'y eut point de noviciats séparés ; les noviciats furent créés seulement en 1336, au nombre de six ; je note que l'un des six fut placé au couvent de Pamiers (2). Le couvent de Pamiers eut donc ses propres novices, qui lui venaient le plus ordinai-

(1) *Disputatio mundi et religionis*, dans *Bibl. de l'École des Chartes*, 1884, première livraison.

(2) Voyez le texte du chap. prov. de 1336, dans mon *Essai sur l'organisation des études dans l'ordre des Frères Prêcheurs au* XIIIe *et au* XIVe *siècle*, p. 58, not. 5.

rement, pour ne pas dire toujours, du pays environnant; la vallée de l'Ariège les fournissait en majeure partie. Une fois initiés à la vie religieuse, ils devaient être appliqués à l'étude, qui était, toute la vie durant, un des principaux devoirs des Frères Prêcheurs (1). La règle leur faisait une obligation d'étudier en rhétorique et en logique, en philosophie, en théologie, en écriture sainte. S'ils en avaient l'aptitude et le goût, ils pouvaient s'appliquer à l'étude du grec, de l'arabe et de l'hébreu. L'enseignement se donnait à trois degrés, d'abord dans le *Studium* ordinaire de chaque couvent, premier degré ; puis dans le *Studium solemne,* placé dans deux ou trois couvents de chaque province pour la formation des professeurs futurs, second degré ; enfin dans le *Studium generale,* où l'on prenait les grades, troisième degré. Le *Studium solemne* et le *Studium generale* donnaient sous deux formes l'enseignement supérieur.

Ayant exposé ailleurs l'organisation de l'enseignement chez les Frères Prêcheurs, je m'en tiens ici à cet exposé sommaire, et je note de suite les points propres au couvent de Pamiers.

Le couvent de Pamiers n'eut jamais que les *Studia* simples. Les étudiants pour les arts et la philosophie furent toujours, non pas instruits par chaque couvent et dans chaque couvent, mais distribués en groupes ou *combinaisons;* quatre ou cinq couvents étaient associés ; chacun d'eux recevait successivement les étudiants des divers couvents formant une *combinaison, combinatio;* et cette année, c'est dans ce couvent que l'enseignement de la logique et celui de la philosophie se donnaient.

(1) *Essai*, p. 4-13.

En 1269, l'année même de la fondation du couvent de Pamiers, les couvents de la province furent distribués, pour l'enseignement des arts, en dix groupes. Celui de Pamiers ne fut pas encore compris dans cette organisation; il fallait attendre qu'il vînt à la vie. C'est en 1275 seulement que nous le voyons entrer dans un groupe scolaire. Cette année, les couvents ayant été distribués en six vicairies, il fut adjoint à la vicairie de Toulouse. Pendant quelque temps, chaque vicairie eut un *Studium artium* se déplaçant chaque année, couvent par couvent à tour de rôle. En 1275, les étudiants de Pamiers pour les arts furent envoyés au couvent de Castres, qui, d'après ce principe, avait le *Studium artium;* fr. Raymond de Vimac leur enseigna la rhétorique et la *logique nouvelle,* ainsi appelée parce qu'elle comprenait les livres d'Aristote inconnus d'Abélard, les *Priora,* les *Posteriora* et les *Topica;* en 1276, ce fut au couvent de Montauban, dont fr. Guillaume Bonnet était le lecteur; en 1277 et en 1278, ce fut au couvent de Rieux, avec fr. Guillaume Bonet et fr. Raymond Pellicier pour professeurs; en 1279, le couvent de Pamiers eut lui-même le *Studium artium,* et, à ce titre, reçut les étudiants des couvents de Toulouse, de Rieux, de Montauban, d'Albi et de Castres; fr. Raymond Coluel y donna l'enseignement. Ainsi le couvent de Pamiers, tantôt envoyait ses étudiants dans un autre couvent, tantôt recevait ceux des autres couvents, d'après un roulement à peu près fixe. Je relève ici seulement les années où le *Studium artium* fut au couvent de Pamiers, avec le nom des professeurs, d'après les actes des chapitres provinciaux (1) :

(1) Biblioth. publiq. de la ville de Toulouse, ms. 490 (I, 273).

1282, lecteur, fr. Arnaud-Guillaume, f° 335 A.

1288, lecteur, fr. Andric de Toulouse, f° 347 B.

1291, lecteur, fr. Pierre *de Edera,* f° 358 A.

1296, lecteur, fr. Armann de Rieux, f° 369 B.

1297, lecteur, fr. Guillaume-Dominique, f° 371 B.

1298 et 1299, lecteur, fr. Guillaume-Vincént, f°s 373 A et 377 B.

1310, lecteur, fr. Jean de Rieux, f° 409 A.

1313, lecteur, fr. Jean Ciceron, f° 418 A.

1314, lecteur, fr. Pierre Fournier, f° 420 B.

1315, lecteur, fr. Pierre Gui, ms. 488, f° 73 A.

1317, lecteur, fr. Guillaume Borrel, f° 426 B.

1320, lecteur, fr. Pierre Vital, f° 434 A.

1324, lecteur, fr. B. *de Maris,* f° 444 B.

1326, lecteur, fr. Fabre Sicred, f° 449 B.

1327 et 1328, lecteur, fr. Pierre Guille. f°s 452 B et 455 A.

1333, lecteur, fr. Raymond-Etienne, f° 470 A.

1335, lecteur, fr. Hugues de Sonac, f° 474 B.

1341, lecteur, fr. Michel d'Argayneuf (*de Argaynovi*), f° 495 A.

Parmi ces dix-huit lecteurs des arts au couvent de Pamiers, il en est un qui mérite une mention spéciale ; je me reprocherais de ne pas le signaler : c'est le fr. Pierre Gui, neveu de B. Gui, éditeur de son *Sanctoral* dont la Bibliothèque de Toulouse possède un des volumes originaux, longtemps professeur de théologie, provincial et inquisiteur de Toulouse (1).

Les couvents furent de même distribués en groupes

(1) Voyez sa notice complète au mot *Petrus Guidonis,* dans mon ouvrage *les Frères Prêcheurs en Gascogne au* XIIIe *et au* XIVe *siècle,* 3e partie, dans *Archives historiques de la Gascogne.*

pour l'étude de la philosophie, qui comprit d'abord deux ans, puis trois. Les couvents avaient à tour de rôle le *Studium naturalium*. De 1275 à 1278, le couvent de Pamiers fut rattaché au groupe des deux vicairies de Toulouse et de Montpellier ; après 1278, il fut associé aux couvents les plus rapprochés. Il eut assez souvent le *Studium naturalium;* comme précédemment pour les arts, je note ces années avec le nom des lecteurs.

1289, lecteur fr. Arnaud de la Barrière (*De Barreria*) (1), f° 350 B.

1292, lecteur fr. Germain (2), f° 360 A.

1294, lecteur fr. Guillaume Fabre, f° 365 B.

1303, lecteur fr. Guillaume Séguier, f° 388 B.

1305, lecteur fr. Jacques de Conques (3), f° 392 A.

1306, lecteur fr. Pons de Massebœuf (4), f° 395 B.

1308, lecteur fr. Guillaume Dulcini (5), f° 401 A.

1309, lecteur fr. Bérenger Got (6), f° 405 A.

(1) Studentes fratres R. Maurandi, Germanum Appamiensem, Bertrandun de Albate, Guillermun Lauterii, Jo. de Veridario Albiensen, f° 350 B.

(2) Studentes fratres R. Fabri, Sicardun Albiensem, etc., f° 360 A.

(3) Auditores fratres P. Arquerii, Jo. Fabri, R. Barea, Bertrand. Pellicerii, Bertrand, de Manso, Ar. Calhavelli, Ber. Porquerii, Ber. Laurencii, P. de Catano, Garinum, f° 393 A.

(4) Auditores fratres P. de Cellario, Ar. Calhavelli, P. de Frontinaco, Bartholomeum, Michaelem, P. Rigaldi, Bertrandum de Serveto, R. Ademarii, Arm de Rivis, Ber. Baudini, Ber. Brosca, Arm de Sancto Michaele, P. Brugeria, f° 395 B.

(5) Auditores fratres Ponciun de Mirallis, P. Vasconis, Bartholomeun de Orto, Ber. de Orto, Ber. Lasserra, R. Barcha, Jo. de Rivis, Jacobun de Monte acuto, Jacobun Coia, Guillermun Stephani, Ber. Martini, f° 401 A.

(6) Auditores fratres Jo. de Rivis, Bm Martini, Sicardum de

1311, lecteur fr. Arnaud de Saint-Michel (1), f° 411 B.

1312, lecteur fr. Paul d'Alan (2), f° 415 A.

1316, lecteur fr. Raymond de Durfort (3), f° 423 A.

1319, lecteur fr. Guillaume de Leruns (*de Leruncio*) (4), f° 432 A.

1322 et 1323, lecteur fr. Jean de Solan (*de Solano*) (5), f° 439 B, f° 442 B.

1325, lecteur fr. Jean André (6), f° 446 B.

1329, lecteur fr. Amigon de Rieux (7), f° 457 A.

1330, lecteur fr. Jean Durand (8), f° 459 B.

1331 et 1332, lecteur fr. Guillaume Bonet (9), f° 462 B.

Albima, Raymundum Andree, Mamadum, Poncium de Mirals, Arnaldum Petri, Poncium Aymerici, Arm Regis, Wm Stephani, Amelium Castrensem, Petrum de Marcello f° 405 A.

(1) Auditores fratres Arnaldum de Pontosio, Johannem Ciceronis, Arnaldum Gi de Murollo (Murello), Aycredum de Crosaco, Raymundum Arnaldi de Lauro, Arnaldum de Bascanes, Petm Johannis de Bello loco, Raymundum de Rivo, Bm de Podio, Gm Garsie, Bertrandum Galberti, f° 412 A.

(2) Auditores fratres Raymundum Arnaldi, Arnaldum Garssie, Arnaldum de Pontosio, P. Johannis, P. Assaliti, Amaneum Ferrolli, Aycredun, P. Furnerii, Bernardum de Podio, Arnaldum de Clauseto, P. Arnaldi de Lana, Bernardum de Insula, f° 415 A.

(3) Auditores fratres B. Baione, Stephanum Jaculatoris, G. Borrelli, Germanum de Cardone, G. Guayraudi, G. de Podio salvi, G. Baronis, Aymericum de Magriano, Arnaldum Guterii, Rotgerium Carrerie, f° 423 A.

(4) Auditores fratres A. Bartholomei, etc., f° 432 A.

(5) 1322, Auditores fratres Bertrandum de Solano, etc., f° 439 B; 1323, Auditores fr. Fabrum Sicredi, etc., f° 442 A.

(6) Auditores fr. Fabrum Sicredi, etc., f° 446, B.

(7) Auditores fr. G. Bayardi, etc., f° 457 A.

(8) Auditores fr. P. Daunisii, etc., f° 459 B.

(9) Auditores fr. Jo. Carbonelli, etc., f° 462 B.

1340, lecteur fr. Raymond Étienne, f° 491 A.

En comparant les deux tableaux des années où le couvent de Pamiers eut l'un ou l'autre des deux *Studia* des arts et de la philosophie, on voit qu'il les eut à peu près également dans le même espace de temps, vingt fois les arts et vingt et une fois la philosophie.

L'enseignement s'étendit plus loin que la logique et la philosophie : il comprit encore la Bible et la théologie. L'étude de la Bible fut en grand honneur dans l'ordre dès sa naissance ; un fait le prouve surabondamment : en 1256, l'ordre, âgé seulement de quarante ans, avait déjà publié deux éditions de la Bible. L'explication de l'écriture sainte était donnée dès lors dans chaque couvent, non seulement pour les étudiants proprement dits, mais encore pour tous les religieux, de même que l'enseignement de la théologie. A la fin du XIIIe siècle, on créa des cours spéciaux d'écriture sainte dans les *Studia solemnia*, où les professeurs futurs allaient étudier. Le principe des cours spéciaux d'écriture sainte regardés comme nécessaires ne tarda pas à s'étendre : dès les premières années du XIVe siècle, il fut appliqué à d'autres couvents que ceux ayant le *Studium solemne*. Ces cours spéciaux d'écriture sainte furent adjoints à des cours spéciaux pour l'explication des *Sentences* de Pierre Lombard, nécessaires à leur tour après que saint Thomas d'Aquin eût été pris comme le maître de la doctrine (1309) ; le nombre des couvents où ces cours spéciaux se firent varia entre quatre et six ; rarement il s'éleva aussi haut.

Le couvent de Pamiers ne fut pas oublié dans cette organisation de l'enseignement de l'écriture sainte et des Sentences. Difficilement, il l'eût été, puisque Dominique Grenier, un des plus grands évêques de la ville (1325-

1347), fut un des meilleurs commentateurs de la Bible dans l'ordre des Frères prêcheurs.

Je relève ici simplement les années où le couvent de Pamiers eut les cours spéciaux de la Bible et des Sentences, et je retiens en même temps les noms des professeurs, d'après les actes des chapitres.

1312, lecteur de la Bible fr. Guillaume d'Ausan (*De Ausanis*); lecteur des Sentences fr. Fortanier de Pierrelongue, f° 414 A.

1313, lecteur de la Bible fr. Hugues de Montesquieu, f° 417 A.

1314, lecteur de la Bible fr. Guillaume Ripier (*Riparie*), f° 419 A ; lecteur des Sentences fr. Raymond Barthe (*Barta*), f° 419 B.

1316, lecteur de la Bible fr. Guillaume Ripier (*Riparie*), f° 422 A ; lecteur des Sentences fr. Jean de Rieux, f° 422 A.

1320, lecteur de la Bible fr. Pierre Gascon, f° 433 B ; lecteur de Sentences fr. Jean de Conques, f° 433 B.

1323, lecteur de la Bible fr. Guillaume Ripier (*Riparie*), f° 441 B ; lecteur des Sentences fr. Guillaume Borrel, f° 441 B.

1328, lecteur des Sentences fr. Guillaume Bonet, f° 454 B.

1341, lecteur des Sentences fr. Guillaume de Calvayrac, f° 414 B.

Enfin, de tous ces enseignements, le plus important était celui de la Théologie. La science sacrée s'imposait à tous ; nul n'était dispensé de l'acquérir sous aucun prétexte. Je veux dire que non seulement les jeunes gens, mais encore les religieux, de quelque qualité et de quelque âge qu'ils fussent, étaient tenus de s'y appliquer. Pour cette raison majeure, chaque couvent avait des cours de Théologie, qui se faisaient chaque jour. Quand le couvent avait acquis une certaine importance, on lui donnait un lecteur et un sous-lecteur. C'est en 1303 que le couvent de Pamiers commença à avoir un sous-lecteur. Le manuel de Théologie, le livre *lu*, fut, durant le XIIIe siècle, les quatre livres des Sentences de Pierre Lombard ; au XIVe siècle, ce furent en même temps les écrits de saint Thomas d'Aquin, imposés d'office aux lecteurs. Outre les cours de tous les jours, l'enseignement de la Théologie comportait des *disputes*, soit à titre d'exercice scolaire et privées, soit solennelles et publiques. Ainsi, grâce à cet enseignement, chaque religieux était abondamment pourvu pour l'exercice du ministère évangélique. J'ajoute ce détail peu connu : frère Hélie de Ferrières, profès du couvent de Cahors, avait, pendant qu'il était provincial de la province de Toulouse (1324-1336) (1), composé un livre *de Doctrina fratrum* : c'était un résumé de la foi. Ce livre parut si approprié qu'à partir de 1335 chacun des religieux de la Province à moins qu'il n'eût quarante ans de profession ou qu'il ne fût lecteur, dut l'étudier, l'apprendre de mémoire, pour qu'il lui servît de vade-mecum au tribunal de la pénitence et en chaire (2). Ainsi, en relevant ces détails, minimes en apparence, nous constatons la préoccupation dans l'ordre des Frères prêcheurs de former et d'avoir toujours des ouvriers dignes, utiles, considérés dans la vigne symbolique du Seigneur.

Je donne ici la liste des lecteurs de Théologie du

(1) B. Gui, *Priores provinciales in provinc. Tholosa.*, Bibliothèque publique de la ville de Toulouse, ms. 490 (I, 273), f° 73 A.

(2) Ms. 490, f° 475 A, f° 482 A.

couvent de Pamiers, d'après les actes des chapitres provinciaux (1).

1270, fr. P. Durand, f° 204 A.

1274, fr. Jean *de Castellione,* f° 317 A.

1276, fr. R. Guillaume, f° 322 B.

1277, fr. Jacques Blanquier, f° 323 B.

1278, fr. Guilhem Arnaud de Mauléon, f° 324 B.

1280, fr. Guillaume de Lefiac, f° 330 A.

1282, fr. Raymond Hunaud, f° 334 B.

1385, fr. P. At, f° 340 A.

1287, fr. Eydemar de Saint-Paul, f° 345 A.

1288, fr. Jacques Olivier, f° 347 A.

1290, fr. P. At, f° 352 A.

1291, fr. Loup, f° 357 A.

1296, fr. Guillaume Pallier (*Pallerii*), f° 369 A.

1299, fr. Gualhard *de Cadrivo,* f° 377 A.

1300, fr. Dominique Fontaine (*de Fonte*), f° 379 A.

1303, fr. Dominique Fontaine (*de Fonte*), f° 387 A; sous-lecteur fr. Aymeric Martin de Limoges, f° 387 B.

1304, sous-lecteur fr. R. Loup, f° 390 A.

1307, sous-lecteur fr. Jean *de Pignerio,* f° 397 B.

1308, fr. Guillaume Seguier, f° 400 A.

1309, fr. Guillaume *de Peralto,* f° 404 B ; sous-lecteur fr. Athon de Château-Verdun, f° 404 B.

1310, fr. Guillaume Dulcini, f° 407 B.

1311, fr. G. Duranda, f° 410 B; sous-lecteur fr. Bertrand *de Manso,* f° 411 A.

1315, sous-lecteur fr. Sicard Gosini, Ms. 488, f° 72 c.

1317, fr. Bérenger Got, f° 425 B.

1318, fr. G. Garric, f° 429 A; sous-lecteur fr. Guillaume Raoul, f° 429 A.

(1) Ms. 490.

1319, fr. Raymond de Durfort, 431 B ; sous-lecteur fr. Jean *de Consilio,* f° 431 B.

1321, fr. P. *de Castro,* f° 436 A ; sous-lecteur fr. Jean *de Solario,* f° 436 A.

1322, fr. Robert de Salminhac (*de Salminhaco*), f° 439 A ; sous-lecteur fr. G. Borrel, f° 489 A.

1324, fr. B. du Puy (*de Podio*), f° 444 A ; sous-lecteur fr. Jean André, f° 444 A.

1325, sous-lecteur fr. *P. de Podiosabone,* f° 446 A.

1326, fr. Germain Cardon, f° 449 A.

1327, fr. Jean *de Solano,* f° 452 A.

1330, fr. Bertrand *de Gorano,* f° 459 A.

1331, fr. Aymeric *de Mayricino,* f° 462 A.

1332, sous-lecteur, fr. Arnaud Massat, f° 466 A.

1333, fr. Gualhard *de Rassils,* f° 469 B.

1334, fr. Jean André, f° 471 B ; sous-lecteur fr. Arnaud *de Massabone,* f° 472 B.

1335, sous-lecteur, fr. Pierre Raymond Celat, f° 474 A.

1336, fr. A. Babon (*Babonis*), f° 477 A.

1340, fr. Aymeric *de Magerano,* f° 490 B.

1341, fr. Jean André, f° 494 B.

V

LES CHAPITRES PROVINCIAUX TENUS AU COUVENT DE PAMIERS

L'ordre des Frères prêcheurs se distingua parmi tous les autres ordres dès l'origine par une organisation propre et particulièrement forte, qui établit entre les couvents un lien de vigoureuse discipline. La tenue annuelle du chapitre général pour tout l'ordre et du chapitre provincial pour chaque province fut un des points dominants de cette organisation. Le lieu de la tenue, autant du chapitre provincial que du chapitre général, n'était point fixe. Chaque année, on le détermінait à nouveau pour l'année suivante. Chacun comprend quel était l'objet de ces chapitres : on y réglait, dans les uns tout ce qui touchait à l'intérêt général de l'ordre, dans les autres tout ce qui se rapportait au bon gouvernement et au progrès de la province. Depuis l'année 1270, où le couvent de Pamiers fut fondé, à l'année 1342, date à laquelle la compilation des actes des chapitres provinciaux que j'ai consultée s'arrête, c'est-à-dire dans l'espace de soixante-douze ans, le chapitre provincial ne se tint que trois fois au couvent de Pamiers, en 1290, en 1310 et en 1326. C'est relativement peu. Il n'y eut d'autre cause à cela que l'accès difficile du couvent de Pamiers, si toutefois en 1290 le couvent avait pris les agrandissements que d'autres faits nous ont déjà permis de supposer. Il fallait, en effet, de vastes locaux pour recevoir le chapitre provincial, qui se composait du prieur provincial, de son vicaire et du prieur de chaque couvent au moins. Il est vrai qu'il se tenait pendant les vacances des leçons : tout le local des écoles pouvait donc être mis à la disposition du chapitre. Tandis, en effet, que le chapitre général se tenait le jour de la Pentecôte, le chapitre provincial se réunissait soit en juillet, soit en août, soit en septembre, quelquefois même en octobre. Des trois chapitres assemblés au couvent de Pamiers, le premier (1290) se tint le 14 septembre, *in Exaltatione Sancte Crucis,* le second (1310) le 22 juillet, *in festo beate Marie Magdalene,* le troisième (1326) le dimanche avant la fête de saint Jean-Baptiste, *dominica ante festum B. Johannis Baptiste,* c'est-à-dire cette année le

22 juin. Les Pièces justificatives donnent le texte des actes de ces trois chapitres : j'en dégage les points qui ont un intérêt un peu général.

D'abord je note que deux couvents furent reçus, l'un, celui de Collioure (1), au chapitre de 1290, l'autre, celui de Saint-Girons, au chapitre de 1310. Un mot seulement sur la fondation du couvent de Saint-Girons, des prieurs duquel je publierai ailleurs les notices d'après B. Gui et ses continuateurs (2).

Saint-Girons était compris dans l'ancien diocèse de Conserans. Or, le noble baron Arnaud de Comminges, surnommé d'Espagne, vicomte de Conserans (3), homme de grande foi, demanda, dans les premières années du XIVe siècle, avec force instances et démonstrations de piété, qu'un couvent de Frères prêcheurs fût établi à Saint-Girons, la principale et la plus chrétienne population de ses terres, placée au centre de la vallée riche, ouverte et heureuse du Salat. Le chapitre provincial de 1306, tenu à Figeac, délégua frère Guillaume d'Aignan et frère Arnaud Guillaume de Lordat pour examiner les locaux et les terres qu'Arnaud d'Espagne avait mis déjà ou mettrait à leur disposition. Dans le courant du mois d'août 1306, ces deux religieux se rendirent à Saint-Girons. L'installation d'un couvent leur parut possible, même facile. Il ne manquait que les pouvoirs apostoliques ; à partir de 1298, les ordres mendiants ne purent

(1) Voy. Pièce just. II, *Fundacio conventus Cauqui liberi.*

(2) *Les Frères prêcheurs en Gascogne aux* XIIIe *et* XIVe *siècles* 1220-1340), dans *Archives historiques de la Gascogne.*

(3) Il était fils de Roger IV de Comminges et de Grise ou Garcie, fille d'Arnaud d'Espagne, seigneur de Montespan ; il s'était marié avec Philippe, fille de Roger, comte de Foix. Anselme, *Hist. généal. et chron.*, Tom. II, 643. 3e édit. Paris. 1726.

plus désormais faire de nouvelle fondation sans l'autorisation préalable du Saint-Siège. Le principal donc manquait. Arnaud d'Espagne, qui désirait vivement la fondation du couvent de Saint-Girons doté par lui, se mit en instance auprès du pape Clément V ; il obtint les pouvoirs apostoliques nécessaires. Le chapitre provincial de 1309, tenu à Périgueux le 11 du mois d'août, décida en conséquence que le prieur provincial se transporterait à Saint-Girons pour y recevoir le couvent. Fr. Guillaume d'Aignan, provincial, s'y rendit en effet sans retard avec frère Arnaud Jean, prieur de Prouille. La bulle pontificale autorisant la fondation du couvent leur fut présentée ; et le 20 septembre, veille de la fête de saint Mathieu, samedi des quatre-temps, le couvent fut inauguré avec une grande solennité, en présence d'Arnaud d'Espagne et de sa noble épouse, dame Philippe, fille de Roger, comte de Foix. Sa présence à cette cérémonie d'inauguration était certes légitime et naturelle, puisqu'il avait donné aux Frères prêcheurs tout le terrain pour le couvent, situé sur le bord du Salat, du prix de 500 livres tournois, et puisqu'il avait fait choix de ce couvent pour sa sépulture. Il était, du reste, disposé à pratiquer des largesses plus grandes encore, comme l'avenir le montrera. La cérémonie d'inauguration fut d'une belle et attachante simplicité. Elle consista en une messe *de beata Maria Virgine*, la première qui fut dite dans le couvent, et que le prieur de Prouille célébra.

La maison était fondée. Les règles de l'ordre ne permettant pas qu'elle prît le titre de couvent, un vicaire fut donné au nouveau *lieu :* ce fut le fr. Pierre Arnaud de Toulouse, qui eut avec lui trois autres religieux. Deux mois plus tard, le 21 novembre, l'évêque de Comminges, Boso de Salignac, du consentement des vicaires de l'évêque de Conserans, Bernard de Montaigu, bénit lui-même le cimetière des Frères avec toute la solennité que l'on donnait alors aux cérémonies de ce genre. Enfin, le chapitre provincial de 1310, tenu à Pamiers, reçut définitivement et institua le couvent, auquel il donna un prieur, un lecteur et douze religieux.

Les actes des chapitres provinciaux nous présentent quelques autres faits intéressants aussi, en dehors des dispositions de règle qu'on y trouve sous la rubrique *Admonitiones*. Ils se terminent uniformément par des indications de suffrages, soit pour les vivants, soit pour les morts. La faveur du suffrage qui donnait une participation véritable aux prières de l'ordre n'était accordée qu'aux affiliés, aux bienfaiteurs, aux amis. Ainsi, la partie de ces actes, placée sous la rubrique *Suffragia*, nous fait connaître les principales relations d'amitié que l'ordre avait, soit avec des gens du monde, soit avec des gens d'église. Il serait curieux d'en faire le dépouillement complet.

Les trois chapitres provinciaux tenus à Pamiers contiennent quelques indications bonnes à noter à ce point de vue. Les amis de l'ordre qu'ils nous montrent, ce sont le roi de Majorque, Jacme II, un comte du nom de Gaston, dame Sibilta épouse d'Amalric de Narbonne (1), les cardinaux d'Ostie, du titre de Sainte-Sabine et du titre de Saint-Eusèbe, le cardinal Raymond de Got, neveu de Clément V, Bernard Saisset, évêque de Pamiers, à la mort duquel chaque couvent doit célébrer un service comme pour un membre de l'ordre (2).

(1) Chap. de 1290.
(2) Chap. de 1310.

La même disposition fut prise pour Arnaud d'Espagne, le patron magnifique du couvent de Saint-Girons, et pour Philippe, son épouse.

Tout à l'heure je rappelais la rubrique *Admonitiones* que l'on trouve dans les actes de chaque chapitre. Ces *admonitions* avaient trait quelquefois aux choses de la vie extérieure des religieux, que la règle pouvait prévoir et fixer, ou qui pouvaient faire l'objet de conseils directifs. Je ne mentionnerai ici qu'une seule des *admonitions* de ce genre adressées de Pamiers à chacun des couvents de la province, c'est celle où le chapitre défendait aux Frères prêcheurs de s'occuper des affaires séculières. Par affaires séculières, il faut entendre les causes litigieuses et la guerre. Le Frère prêcheur, dont la mission était de prêcher, devait rester étranger à tout ce qui n'intéressait pas ce ministère. Dès lors, il était naturel qu'il ne songeât point à s'entremettre dans les litiges et les guerres. L'ordre ne le lui permettait sous aucun prétexte; il lui défendait de s'en occuper de quelque manière que ce fût, soit directement, soit indirectement, soit dans des conversations ou pourparlers, soit par écrit, soit comme messager, soit comme ambassadeur. S'il contrevenait à cette règle, il s'exposait aux peines les plus sévères : la prison elle-même lui était promise. Chaque couvent avait, en effet, sa prison, que les prieurs devaient toujours tenir en parfait état et munir de bonnes chaînes.

Tels sont les détails principaux qui m'ont paru devoir être relevés dans les actes des chapitres provinciaux et signalés. Je pourrais en mentionner quelques autres encore : mais on comprendra que je ne donne pas une grande étendue à ce mémoire : du reste, on les trouvera dans les actes eux-mêmes dont je publie le texte.

J'ai hâte de relever trois pièces servant d'annexe aux actes du chapitre de 1290 (1).

C'est d'abord la réponse à une lettre par laquelle Ysarn de Saint-Paul, chancelier de l'université de Toulouse, le recteur, les docteurs et les maîtres de la même université, demandaient au chapitre de ne pas laisser s'interrompre la tradition si honorable pour eux qui depuis l'origine de l'université attribuait une chaire doctorale aux Prêcheurs. Cette chaire devenue vacante n'était pas encore occupée; ils priaient le chapitre de ne pas tarder plus longtemps à nommer un titulaire. Le chapitre répondit qu'une telle nomination n'était pas de sa compétence; les docteurs avaient, en effet, dans l'ordre une position unique, honorée et relativement indépendante : le Maître général seul disposait d'eux.

Les deux autres pièces que j'ai à signaler sont relatives à une affaire des plus graves qui soumit l'ordre à une dure épreuve. A la suite d'incidents qu'il ne m'appartient pas de raconter, Nicolas IV, auquel des rapports mensongers sur l'état intérieur de l'ordre avaient été faits, l'avait soustrait à l'autorité du Maître que les Constitutions lui permettaient de se donner, et l'avait placé sous le gouvernement de deux cardinaux, le cardinal Latinus, évêque d'Ostie et de Viterbe, et le cardinal Hugues, du titre de Sainte-Sabine. Il me paraît certain que cette mesure avait été le fruit d'une intrigue : et peut-être qu'en cherchant bien on trouverait dans l'intrigue une main franciscaine. Le coup fut porté : et bien qu'il semblât atteindre le général de l'ordre seul, fr. Mugnoz, Espagnol d'origine, qui eut à

(1) Pièces justificatives IV, V et VI.

subir beaucoup de traverses, en réalité c'était l'ordre tout entier qui était frappé. La première province de Provence employa à l'écarter tous les moyens en son pouvoir. D'abord elle délégua à Rome frère Bernard Grandis, de Cahors, et frère Raymond Gilabert, prieur de Castres. Mais ceux-ci n'obtinrent rien. Les préoccupations n'en devinrent que plus vives, anxieuses : et c'est d'elles que sortirent les deux pièces rédigées au chapitre provincial de 1290. L'une fut un appel en règle de la mesure qui plaçait deux cardinaux à la tête de l'ordre : l'autre fut une lettre adressée au pape lui-même par le prieur provincial et les quatre définiteurs. Attristés, ils exprimaient d'abord leur étonnement, leur douleur. Ils se voyaient contraints d'exposer au Saint-Père les raisons qu'ils pouvaient alléguer contre une mesure si inattendue. Jusque-là, on n'avait pas vu d'ordre religieux placé sous le gouvernement d'un cardinal. Or, c'est à deux cardinaux que les Frères prêcheurs devront obéir : le trouble, l'incertitude, la division s'ensuivront comme inévitablement, et aussi le désordre, car les *abus ne pourront* pas être corrigés aussi efficacement que par un Maître unique. Ainsi la mesure était présentée comme contraire au droit, comme contraire à la raison aussi, car il était probable, certain même, que le gouvernement de l'ordre ne serait pas toujours confié à des réguliers ; il passerait à des séculiers : et alors la tête serait d'une autre condition que le corps. De plus, le pape, qui avait embrassé la règle de saint François, savait combien les séculiers détestaient les réguliers. Il était donc contraire à la raison autant qu'à la piété que les divers points de la vie religieuse fussent traités et réglés par des séculiers. Enfin les Frères prêcheurs avaient pour règle de n'obéir, en dehors des points prévus par le droit commun, qu'au Maître de l'ordre ou à son vicaire. Leurs constitutions étaient donc changées par la mesure pontificale : et ce changement ne pouvait qu'amener le désordre dans la famille dominicaine, et sa fin.

Les signataires de la lettre suppliaient donc le pape de revenir sur une disposition qui leur paraissait désastreuse. En finissant, ils faisaient l'éloge du Maître, fr. Mugnoz : ce qui laisse entendre que dans la mesure pontificale une question de personne était impliquée. Sa naissance, ses qualités naturelles, ses vertus, sa prudence que les hommes les plus considérables reconnaissaient, tout le rendait recommandable : sous son gouvernement, l'ordre vivait dans la paix et la pratique exacte de la règle. La première province de Provence n'avait ressenti que d'excellents effets de sa douce direction.

A la suite des réclamations et des protestations de tout l'ordre, Nicolas IV revint sur la mesure qu'il avait prise.

Si les pièces que je viens de signaler sont importantes pour l'histoire de l'ordre des Frères prêcheurs, elles ont un intérêt moindre sans doute, mais très appréciable pour l'histoire du couvent de Pamiers, où elles furent rédigées.

CONCLUSION

Mais est-ce bien une histoire du couvent de Pamiers que j'ai voulu faire ? Non. Le mot est ambitieux : et je n'avais pas en main les documents nécessaires pour l'écrire. J'ai imité le touriste, réduit à ne recueillir que les débris d'un monument ruiné pour en reconstruire les lignes principales. Au XIIIe siècle, Pamiers vit s'élever dans ses murs un monument de religion, de piété, de foi, un sanctuaire où de nombreuses phalanges de soldats du Christ vinrent apprendre les règles du zèle évangélique avec l'amour de Dieu. La plupart de ces ouvriers du Seigneur n'ont point laissé de trace : leurs noms eux-mêmes ne nous sont pas parvenus. Mais cette contrée leur dut en grande partie de conserver la religion et de progresser dans la foi. Il convenait de les saluer comme des bienfaiteurs, et de s'associer à la ville de Pamiers qui, en donnant le nom de *rue des Jacobins* à la rue où l'ancien couvent se trouvait, a voulu conserver la mémoire de ce glorieux passé.

PIÈCES JUSTIFICATIVES (1)

I

FUNDACIO CONVENTUS APPAMIENSIS

[F° 204 A] — Anno Domini M°CC°LXIX°, in actis capituli provincialis Bitterris dominica ante festum beate Marie Magdalene celebrati, fuerunt assignati frater Peregrinus et frater Guillermus Blanchi loco Appamiensi promovendo, qui operarentur et procederent in ipsius loci promocione de prioris Tholosani consilio et assensu; de aliis autem fratribus necessariis prior provincialis provideret vel faceret provideri.

Anno Domini pretaxato M°CC°LXIX°, in festo Omnium Sanctorum, Dominus frater Raymundus, episcopus Tholosanus, in prefato loco fratrum Appamiensi missam sollempniter celebravit; et cimiterium fratribus benedixit, et predicavit clero et populo convocato; et, ex tunc ceperunt fratres ibidem divinum officium sollempniter peragere, et pariter habitare. Frater Bernardus Ganterii, Tholosanus, fuit vicarius institutus.

Anno Domini M°CC°LXX°, in actis capituli provincialis Cistarici in festo apostolorum Petri et Pauli celebrati, fuit in villa Appamiensi, que tunc erat dyocesis Tholosane, conventus fratrum predicatorum regulariter positus et receptus. Et primus prior institutus frater Guillermus Garini de Fano

(1) Bibliothèque publique de la ville de Toulouse, ms. 490 (I, 273 et ms. 488.

Jovis (1), et lector assignatus frater P. Durandi. Et fuerunt assignati fratres Peregrinus et Guillermus Blanchi prefati, et Raymundus de Podio, Poncius de Turre, Gozinus Deodatus, Guillermus de Lefiaco, Sycardus de Duro forti, Arnaldus de Berga, Bartholomeus de Archanhano Tholosanus, R. Durandi, P. de Caviaco, Arnaldus Talharici; conversi vero Raymundus Fureti, Garssias, Guillermus Auquerii, P. Odini.

PRIORES IN CONVENTU APPAMIENSI (2)

Primus prior in conventu fratrum predicatorum Appamiensi fuit frater Guillermus Garini de Fano Jovis predictus Bis fuit prior; prima vice fuit institutus in capitulo provinciali Cistaricensi, anno Domini M°MCC°LXX°, sicut dictum est supra; prior fuit hac vice anno uno; fuitque absolutus in capitulo provinciali Montispessulani, anno Domini M°CC°LXXI° (3).

Secundus prior frater Raymundus Sicredi de burgo Carcassonensi successit fratri Guillermo Garini; prior fuit annis duobus, fuitque absolutus in capitulo provinciali Caturcensi, anno Domini M°CC°LXXIII° (4). Hic postmodum prior Castrensis existens obiit in conventu Castrensi, V° non. julii, anno Domini M°CC°LXXX° (5).

Frater Guillermus Garini predictus, secunda vice, successit fratri Raymundo Sycredi; prior fuit annis duobus et amplius, priorque existens, obiit ibidem ante provinciale capitulum Pirpiniani, in quo fuit ejus obitus recitatus, ut patet in actis illius capituli, anno Domini M°CC°LXXV° (6).

[F° 204 B] Tercius prior frater Guillermus Blanchi suc-

(1) Cette partie a été publiée par Martène, *Ampl. coll.*, VI, 507. Tout le reste manque dans Martène.

(2) Titre courant dans le ms.

(3) F° 311 A.

(4) F° 315 A.

(5) *Jacet hic in cimiterio communi retro sacristiam.* B. Gui, *Pr. in conv. Cast.*, f° 184 B.

(6) F° 321 B.

cessit fratri Guillermo Garini; prior fuit anno quasi uno; fuit autem absolutus per litteram prioris provincialis, fratris Petri de Valetica, sibi missam, anno Domini MᵒCCᵒLXXVᵒ vel LXXVIᵒ. Hic obiit in conventu Appamiensi anno Domini (*manque*).

Quartus prior frater Bernadus Garini Narbonensis, bis; prima vice, successit fratri Guillermo Blanchi; prior fuit annis tribus; fuitque hac vice inde per litteram absolutus, circa Natale Domini, anno Domini MᵒCCᵒLXXIXᵒ.

Quintus prior frater Raymundus de Ponte Tholosanus successit fratri Bernardo Garini; prior fuit annis quasi duobus; fuitque absolutus in capitulo provinciali Massilie, anno Domini MᵒCCᵒLXXXIᵒ (1). Hic obiit in conventu Tholose, anno Domini (*manque*).

Sextus prior frater Johannes de Genesteto de Montepessuano successit fratri Raymundo de Ponte; prior fuit annis duobus; fuitque absolutus in capitulo provinciali Montispessulani (2), post generale ibidem immediate, anno Domini MᵒCCᵒLXXXIIIᵒ. Hic fuit prior in pluribus conventibus; et obiit in Montepessulano in senectute bona plus quam quinquagenarius in ordine, anno Domini MᵒCCCIᵒ, paulo post Natale Domini.

Septimus prior frater Guillermus de Leflaco Appamiensis successit fratri Johanni de Genesteto; prior fuit annis duobus; fuit autem absolutus in capitulo provinciali Condomiensi, anno Domini MᵒCCCᵒLXXXVᵒ (3). Hic obiit in (*manque*).

Octavus prior frater Raymundus Hunaudi Tholosanus successit fratri Guillermo de Leflaco; modico tempore prefuit, quia inde prior existens paulo post circa Natale Domini factus fuit prior Tholosanus, anno Domini MᵒCCᵒLXXXVᵒ. Hic prior provincialis existens et tocius ordinis vicarius generalis, obiit Tholose, IIIᵒ ydus maii, anno Domini [Mᵒ]CCᵒ nonagᵒ

(1) Fᵒ 332 A
(2) Fᵒ 336 A.
(3) Fᵒ 340 A

IXº; sepultus est in medio choro fratrum juxta fratrem Ber. Geraldi.

Nonus prior frater Raymundus de Podio Appamiensis successit fratri Raymundo Hunaudi; prior fuit annis quasi duobus; fuitque absolutus in capitulo generali Burdegalensi, anno Domini MºCCºLXXXVIIº. Hic postmodum subprior in monasterio Pruliani, in multa caritate servivit annis multis, ubi in senectute bona obiit, anno Domini MCCº nonagº VIIº vel VIIIº.

Decimus prior frater Raymundus Aymerici Tholosanus de Manso, bis; prima vice, successit fratri Raymundo de Podio; prior fuit annis duobus, fuitque absolutus in capitulo provinciali Narbonensi, anno Domini MºCCºLXXXIXº (1).

Frater Bernardus Garini predictus secunda vice successit fratri Raymundo Aymerici; prior fuit annis duobus, fuitque absolutus in capitulo provinciali Bitterrensi, anno Domini MºCCº nonagoº Iº (2).

[Fº 205 A] Frater Raymundus Aymerici predictus secunda vice successit fratri Bernardo Garini; prior fuit annis tribus; fuit autem absolutus in capitulo generali Montispessulani, anno Domini MºCCº nonagº IIIIº.

Undecimus prior frater Guillermus de Monte claro de predicacione Montis Albani successit fratri Raymundo Aymerici; prior fuit anno uno; fuitque absolutus in capitulo provinciali Castrensi, anno Domini Mº CCº nonagº Vº (3).

Frater Geraldus Bermundi Petragoricensis dyocesis fuit electus et confirmatus prior; set venire noluit, unde institit et optinuit ut faceret se absolvi; nec prefuit in conventu; ideo non ponit[ur] in numerum presidencium in hoc loco. Hic obiit Petragoris, anno Domini MºCCCIXº, circa festum sancti Martini.

Duodecimus prior frater Arnaldus del Gras Rivensis

(1) Fº 350 A.
(2) Fº 357 A.
(3) Fº 367 B.

tandem successit fratri Guillermo de Monte claro, fratre Geraldo Bermundi intermedio absoluto, qui electus prius fuerat confirmatus; prior fuit annis quasi duobus, fuitque absolutus in capitulo provinciali Tharasconensi, anno Domini M°CC° nonag° VII° (1).

Tercius decimus prior frater Arnaldus Guillermi de Lordato de predicacione Appamiensi (2), bis (3); prima vice successit fratri Arnaldo del Gras, absoluto prius fratre Raymundo Amelii, qui electus et confirmatus fuerat, set noluit venire et optinuit se absolvi. Ideo non ponit[ur] hic in numerum *priorum*. Prior fuit duobus annis fuitque absolutus in capitulo provinciali Pirpiniani, anno Domini M°CC° nonag° IX° (4).

Quartus decimus prior frater P. Bernardi Brageriacensis successit fratri Arnaldo Guillermi de Lordato; prior fuit annis duobus et amplius; fuitque absolutus per litteram prioris provincialis, quam ipsemet procuravit; et lector Brageriacensis factus, paulo post Natale Domini, anno Domini M°CCCI°. Hic lector Biblicus Tholosanus existens obiit in Agenno, XIIII° kls. augusti, dominica die, anno Domini M°CCCIIII°.

Frater Arnaldus Guillermi de Lordato predictus secunda vice successit fratri Petro Bernardi, confirmatus Tholose ante Purificacionem beate Marie, anno Domini M°CCCI°; prior fuit hac vice annis fere duobus; fuitque absolutus in capitulo provinciali Montis Albani, anno Domini M°CCCIII° (5). Hic frater Arnaldus Guillermi obiit in conventu Appamiensi, in principio mensis *maii*, anno Domini M°CCC°XVI°, ab ingressu vero ordinis anno XLIIII° (6).

(1) F° 371 A.

(2) F° 377 A.

(3) *Intravit ordinem* [anno] *M°CC°LXXIII°, in festo sanctorum Marcelli et Marcelliani.* A la marge.

(4) F° 387 A.

(5) A la marge.

(6) F° 404 A.

Quintus decimus prior frater Dominicus de Fonte Appamiensis successit fratri Arnaldo Guillermi, confirmatus circa festum Omnium Sanctorum; prior fuit annis duobus; fuit autem absolutus per litteram Magistri ordinis, quam ipsemet procuravit, lecta littera in conventu Appamiensi, in capitulo fratribus convocatis, in festo Exaltacionis Sancte Crucis, anno Domini M°CCCV°. Hic obiit in Pictavi ubi erat in Curia, anno Domini M°CCCVIII°.

[F° 205 B] Sextus decimus prior frater Arnaldus de Lardo Caturcensis post fratrem Dominicum electus et confirmatus extitit; set ad conventum non pervenit, quia debilis et infirmus; fuitque propter debilitatem suam a priore provinciali circa principium subsequentis quadragesime absolutus, anno Domini M°CCCV°. Hic obiit Caturci, paulo ante festum Omnium Sanctorum, anno Domini M°CCCVI°.

Decimus septimus prior frater Hugo Mascalli Brivensis successit fratri Arnaldo de Lardo ex lectore Caturcensi, confirmatus in priorem circa Pascha Domini; in vigilia Ascensionis Domini aplicuit ad conventum, anno Domini M°CCC VI°; prior fuit anno uno et dimidio quasi; priorque existens obiit in conventu Brivensi, in octabis Nativitatis beate Marie Virginis, anno Domini M°CCCVII°.

Decimus octavus prior frater Germanus de Maseriis successit fratri Hugoni Mascalli, secunda die octobris electus et confirmatus ibidem a priore provinciali, qui presens erat in conventu; prior fuit annis fere duobus, fuitque absolutus in capitulo provinciali Petragoricensi (1), in festo beati Barnabe celebrato, anno Domini M°CCCIX°.

Decimus nonus prior frater Andreas de Cellis successit fratri Germano, confirmatus in priorem in crastino sancti Ludovici in Pruliano; prior (2) fuit annis duobus, fuitque abso-

(1) F° 410 B.

(2) Ici commence la rédaction du continuateur de B. Gui.

lutus in capitulo provinciali Burdegalensi, anno Domini M°CCC°XI° (1).

Vicesimus prior frater Raymundus Saucii successit fratri Andree de Cellis, confirmatus in priorem circa finem mensis octobris, anno Domini M°CCC°XI°; prior fuit annis fere tribus, fuitque absolutus (2) in capitulo provinciali in Alto Villari celebrato in festo beate Marie Magdelene, anno Domini M°CCC°XIIII°.

Vicesimus primus prior frater Dominicus de Monte totino successit fratri Raymundo Saucii, confirmatus Tholose in priorem, XIIII° kls. augusti, anno Domini M°CCC°XIIII°; prior (3) fuit anno quasi uno, fuitque absolutus in sequenti capitulo provinciali Sancti Emiliani, anno Domini M°CCC°XV°.

Vicesimus secundus prior frater Bertrandus de Manso successit fratri Dominico, confirmatus in priorem, de prioratu Sancti Geruncii translatus, mense augusti, anno Domini M°CCC°XV°.

[F° 206 A] Vicesimus tercius prior frater Guillermus Seguerii Carcassonensis successit fratri Bertrando de Manso, confirmatus in priorem ibidem anno Domini M°CCC°XVIII°; prior fuit annis quasi duobus cum dimidio, absolutus per provincialem, quia factus fuit confessor in monasterio Pruliani.

Vicesimus quartus prior frater Gualhardus de Pomeriis Appamiensis successit fratri Guillermo Seguerii, confirmatus in priorem ibidem, anno Domini M°CCC°XX°; fuit autem prior quasi anno uno, absolutus in capitulo Sancti Geroncii per litteram (4).

Vicesimus quintus prior frater Atho Arl de Castello Verduno Appamiensis successit fratri Gualhardo de Pomeriis,

(1) F° 419 A.

(2) Au chap. de 1314.

(3) Ce qui suit n'est probablement plus du même. On reconnaît très bien les trois mains qui l'ont écrit.

(4) F° 452 A.

confirmatus in priorem ibidem, anno Domini M°CCC°XXI° ; fuit prior annis duobus, a Domino evocatus.

Vicesimus sextus prior frater Raymundus Barthe Appamiensis successit fratri Athoni, confirmatus in priorem ibidem, anno Domini M°CCC°XXIIII° ; fuit prior annis tribus per litteram absolutus.

Vicesimus septimus prior frater Germanus Petri Appamiensis successit fratri Raymundo Barthe, confirmatus in priorem ibidem, anno Domini M°CCC°XXVII°; fuit prior anno quasi dimidio in capitulo Lemovicensi absolutus (1).

Vicesimus octavus prior frater Bertrandus Frezelli Tholosanus, confirmatus in priorem ibidem, anno Domini M°CCC°XXVIII°; fuit autem prior anno uno, absolutus a prioratu, quia factus fuit prior Burdegalensis.

Vicesimus nonus prior frater Berengarius Goti Carcassonensis, confirmatus in priorem ibidem, anno Domini M°CCC°XXIX° ; fuitque prior annis tribus et fuit absolutus in capitulo Lactorensi.

Tricesimus prior frater Jacobus Bartholomei Appamiensis, confirmatus in priorem ibidem, anno Domini M°CCC°XXXI°; fuit prior annis duobus, fuitque absolutus per provincialem, quia fuit missus Parisius ad studendum.

Tricesimus primus prior frater Raymundus Baione Appamiensis, confirmatus in priorem ibidem, anno Domini M°CCC°XXXIII°.

(1) F° 462 A.

II

FUNDACIO CONVENTUS CAUQUI LIBERI

[F° 262 A] Anno Domini M°CC° nonag°, dominus Jacobus, rex Majoricarum, misit fratrem Petrum Misse et fratrem Jacobum de Arulis Cathalanos cum suis litteris regiis ad provinciale capitulum, quod fuit in festo Exaltacionis Sancte Crucis in Appamiis celebratum, petens et instans ut duo conventus nostri ordinis reciperentur in terra sua in Cathalonia, unus apud Cauqum liberum, alter vero apud Cerdanum. Fuit per vicarium prioris provincialis, fratrem Bernardum de Trilia, priore provinciali absente et in Romana Curia tunc agente, et per diffinitores capituli provincialis pro reverencia regia protinus exauditus super recepcione conventus Cauqui liberi, nullo dilacionis obstaculo concurrente. Dominus vero Guillermus Poyt Dorfila, burgensis magnificus et sollempnis in Cauquo libero, patronum loci et fratrum se optulit, et domos suas insignes statim contulit, quas fratres acceperunt et sibi habilitaverunt, domino rege ferente auxilium, et memorato patrono oportunum patrocinium inpendente. Tandem in actis ipsius capituli memorati fuit conventus fratrum predicatorum in villa Cauqui liberi regulariter positus et receptus ; et primus prior institutus prefatus frater P. Misse (1) et lector assignatus predictus frater Jacobus de Arulis ; et fuerunt assignati fratres Berengarius de Turre rubea, Petrus Blanchi, Arnaldus de Quereto, Johannes Caboti, Bernardus Johannis, Bernardus Guilha, Guillermus de Verneto, Arnaldus Senhorelli, Guillermus Geraldi, Bernardus de Furno Bitterrensis; conversi vero Poncius de Terracio, Arnaldus de Sancto Clemente.

(1) Ce qui suit n'a pas été publié par D. Martène, *Amp. Collect.*, t. VI, 531, 532.

PRIORES IN CONVENTU CAUQUI LIBERI

Primus prior in conventu fratrum predicatorum Cauqui liberi frater P. Misse predictus de Pirpiniano, bis; prima vice, fuit institutus in capitulo provinciali Appamiensi, anno Domini M°CC° nonag° ; prior fuit annis tribus, fuitque absolutus in capitulo provinciali Carcassonensi, anno Domini M°CC° nonag° III°.

Secundus prior frater Stephanus de Verneto Pirpinianensis successit fratri Petro Misse ; prior fuit annis duobus, fuitque absolutus in capitulo provinciali Castrensi, anno Domini M°CC° nonag° V°.

[F° 262 B] Tercius prior frater P. Pagesii Pirpinianensis successit fratri Stephano de Verneto ; fuitque absolutus in capitulo (*manque*).

Frater Petrus Misse predictus secunda vice successit fratri Petro Pagesii ; fuitque absolutus per priorem Pirpiniani fratrem Durandum, vicarium prioris provincialis, paulo post Natale Domini M° CCC°. Erat autem tunc absens cum domino Rege Majoricarum in Majoricis.

Quartus prior frater Bernardus Marchi de predicacione Cauqui liberi successit fratri Petro Misse ; prior fuit duobus annis ; fuit autem absolutus in capitulo provinciali Carcassonensi, anno Domini M° CCCII°.

Quintus prior frater P. de Aviacio de predicacione Montispessulani successit fratri Bernardo Marchi ; prior fuit annis tribus : fuitque absolutus in capitulo provinciali Marologii, anno Domini M° CCC°V°, quem prior provincialis assumpsit in socium.

Sextus prior frater Johannis de Villa Lobenc de Podio Cerdano successit fratri Petro de Aviacio ; prior fuit annis tribus ; fuitque absolutus in capitulo provinciali Valentino, anno Domini M° CCC° VIII°

Septimus prior frater Bernardus de Sancto Justo Narbonensis successit fratri Johanni de Villa Lobenc, anno quasi uno; fuitque absolutus in sequenti provinciali capitulo Narbonensi, anno Domini M°CCC°IX°.

Octavus prior frater Bernardus Cerdani de Pirpiniano successit fratri Bernardo de Sancto Justo, anno quasi uno; fuitque absolutus in sequenti capitulo provinciali Tarasconensi, anno Domini M° CCC° X°. Hic obiit, anno Domini M° CCC° XI°, tempore paschali.

Nonus prior frater Arnaldus Justi de predicacione Cauquiberi successit fratri Bernardo Cerdani, de lectore ibidem prior effectus; fuit autem absolutus in capitulo provinciali (*manque*).

Frater Jacobus Morgati successit fratri (*manque*); fuitque absolutus in capitulo provinciali Albenacii, anno Domini M° CCC° XV°.

III

ACTES DU CHAPITRE PROVINCIAL DE 1290

In nomine Patris, et Filii, et Spiritus Sancti. Amen.

[F° 352] Acta capituli provincialis in Appamiis celebrati, anno Domini M°CC°XC°, in Exaltatione Sancte Crucis (1).

I. Diffinitores hujus capituli fuerunt :

Fr. Guirannus Avinionensis ;

Fr. Jo. Vigorosi, prior Montispessulani ;

Fr. Guillermus de Sancto Genesio, qui tunc legebat Monachis Grandissilve in Tholosa ;

Fr. R. Hunaudi, prior Tholosanus.

Vicarius provincialis erat fr. Ber. de Trilia, magister in Theologia, fratre Bernardo Geraldi priore provinciali existente in Curia Romana (2).

II. Absolutio priorum (3) :

Absolvimus priores Orthosiensem, Morlanensem, Altivillaris, Agennensem, Albiensem, Burdegalensem, Niciensem, Massiliensem, Avinionensem, Arelatensem, Narbonensem, Tharasconensem, Rivensem ; et volumus quod hoc anno in eisdem conventibus ad eadem officia [non] resumantur.

III. Lectores Theologie [et sublectores] (4):

Assignamus lectores fratres :

(1) Videtur esse mutatum tempus capituli: nam in precedentis capituli assignatione dicitur in festo Magdalene. *A la marge.*

(2) *A la marge.*

(3) *A la marge.*

(4) *A la marge.*

Baione fr. P. de Maslaco;
Morlanis, Wm de Podio;
Orthosii, G. de Rama;
Sancti Severi, Ber. de Rameto;
Gondomii, Wm P. de Godino;
Agenni, P. de Pinibus;
Burdegalis, Ber. de Visico;
Sancti Emiliani, P. de Labatut;
Petragoris, Wm Aurelie;
Caturci, P. Geraldi;
Montis Albani, Wm de Monteclaro;
Appamiis, P. Ati;
Rivis, fr. Ar^m G. de Lordato;
Carcassone, Wm de Levibus et disputet;
Pirpiniani, G. Ber. Galliacensem;
Narbone, Hugonen de Creicello;
Bitteris, G. de Malartico;
Castris, Bonum Mancipium;
Ruthene, P. de Casa Dei;
Amiliani, Martinum Pessati;
Podii, Helyam Labessa;
Alesti, Jo. Christiani;
Valencie, Jo. de Sancto Egydio;
Diensi, Radulphum de Asio;
Avinioni, P. Malirati;
Tharascone, Berengarium Alphandi;
Arelate, Jacobum Christiani;
Aquis, Ber. Dalmacii;
Nicie, Jacobum Geraldi;
Nemansi, R. Juliani.
Sublectores (1).

(1) *A la marge.*

Ad secundam lectionem assignamus fratres :
Conventui Burdegalensi, P. de Castello ;
Narbone, G. Pallerii ;
Biterris, Poncium (f° 352 B) de Torellis ;
Avinioni, Ber. Aycelini,

V. Ad legendum Sententias in Montepessulano assignamus f. P. Tardini ;

Ad legendum ibidem Bibliam, f. P. Poieti ;

Ad legendum Bibliam biblice in conventu Tholosano f. Wm de Sancto Genesio (1).

VI. Studentes in Theologia (2).

Assignamus studentes :

1. *In conventu Massiliensi fratres Raynaldum de Cellone, Durandum Bartholomei, et ceteros.*

2. In conventu Avinionensi fratres Poncium Berengarii, et ceteros.

3. In conventu Montispessulani fratres R. de Corsavino, Ber. Guil. Doms Lemovicensem, P. de Bomberiis, G. de Blumaco, Ber. Sabbaterii, R. Pharandi, P. de Aniacio ; de ceteris autem committimus priori provinciali vel ejus vicario.

4. In conventu Biterrensi fratres Hugonem Donati, Ar[m] Morlanensem, Poncium de Massilia, Bertrandum de Albere ;

5. In conventu Narbonensi fratres Bertrandum de Sancto Albano, G. de Falgario, P. Galteri de Albenatio, Ar[m] Martini, P. Mathei, Ber. Raymundi de Lacu, P. Landoni ;

(1) Hoc anno primo incepit legi biblice in hiis duobus conventibus. *A la marge.*

(2) *A la marge.*

6. In Carcassona fratres Ysarnum de Hulmiis, Ber. de Etho Rivensem, Ber. Blanchi;

7. In Agenno fratres R. de Fonte, R. Masthoti;

8. In conventu Caturcensi fratres Bernerium Figiacencem, P. Ysarni;

9. Tholose, fratres G. Pagani, R. de Astanova, Ber. R. de Podiolis, Paulum de Terciaco, Bertrandum de Rotavilla, G. de Aguanis, G. de Morreriis, P. de Verzala, Hugonem Pellicerii, P. Helye, Jo. de Podio, P. Ati, Ber. de Campo Bernardi, Ber. Sabbaterii Biterrensem, Heychium, Bellum Franciscum, Ber. de Capraria, R. Sulia, Michaelem de Resolenchis;

10. Burdegalis, fratres Ar^{m} Fabri, G. de Guidomo, Frabrum de Fuxo, Helyam Petri, G. Payrolerii, P. de Carreria, Ar^{m} de Angelis, R. de Rovino;

11. Lemovicis, fratres G. de Veterivilla, et ceteros.

Istam autem assignationem facimus asque (*sic*) derogatione confirmationis confirmate.

VII. Lectores et studentes naturalium (1).

Assignamus studia naturalium :

Primum ponimus in Cistarico, lectorem fratrem Durandum Baboti, studentes fratres Jacobum de Corvo, et ceteros.

Secundum ponimus in Valencia, lectorem fratrem Dalmacium, studentes fratres Jacobum Raybaldi, et ceteros.

Tercium ponimus in Pirpiniano, lectorem fr. Ber. Cathalani, studentes fratres R. Pastoris, Tozetum, Ber. Bartholomei, Poncium veterem, G. Create, R. Brunelli.

Quartum ponimus in Monte Albano, lectorem f. Ar^{m} de Barreria, studentes (f° 253 A), fratres Jo. de Veri-

(1) *A la marge.*

dario, Sixtum, R. de Riparia, Amelium Serrani, R. Maurandi, Aldricum Maurandi, Jo. de Pampiliona, Arm de Bissanos.

Quintum ponimus in Condomio, lectorem f. Jo. de Faubeto, studentes fratres P. de Cunolio, Vitalem de Bediato, Dominicum, P. de Montealto, R. Johannis.

Sextum ponimus in Briva, lectorem f. Berengarium de Landorra, studentes fratres Jo. Ferratoris, Jo. Regnaldi, Ber. Lassala, Yterium, Galhardum Figiacensem, Dominicum Grima, et ceteros.

VIII. Lectores arcium (1).

Assignamus studia logycalia :

1. Pro conventibus Niciensi, Grassensi, Cistaricensi, Diensi, Massiliensi, Aquensi, Arelatensi, Tharasconensi, ponimus studium in Nicia; lectorem f. Ber. Bartholomei.

2. Pro conventibus Avinionensi, Aurasicensi, Valentino, Alestensi, Albenacii, Podiensi, Marologii, ponimus studium in Albenatio ; lectorem fratem P. de Edera.

3. Pro conventibus Nemansensi, Montispessulani, Biterrensi, Amiliani, Narbonensi, Pirpiniani, Carcassonensi ; ponimus [studium] in Carcassona, lectorem f. Ricardum Senhoreti.

4. Pro conventibus Tholosano, Appamiensi, Rivensi, Castrensi, Albiensi, Montis Albani, ponimus studium in Albia; lectorem f. Germanum de Maseriis.

5. Pro conventibus Baionensi, Orthosiensi, Sancti Severi, Condomiensi, ponimus studium in Orthesio, lectorem f. Jacobum Vitalis.

6. Pro conventibus Burdegalensi, Sancti Emiliani,

(1) *A la marge.*

Alti villaris, Lectorensi, Agennensi, ponimus studium in Sancto Emiliano, lectorem Ber. Ademarii.

7. Pro conventibus Lemovicensi, Brivensi, Petragori[censi], Brageriacensi, Caturcensi, Figiacensi, Ruthenensi, ponimus studium in Brageriaço; lectorem f. Marchum Caturcensem.

IX. Visitatores (1).

Isti visitabunt hoc anno:

Conventus Niciensem, Grassensem, Cistaricensem, Valentinum, Diensem visitabit frater Alerius;

Conventus Massiliensem, Aquensem, Arelatensem, Tharasconensem, Avinionensem, f. Hugo de Dei adjutorio.

Conventus Podiensem, Alestensem, Nemassensem, Albenacii, Marologii, fr. Bertrandus de Villa nova;

Conventus Montispessulani, Biterrensem, Narbonensem, Pirpiniani, Carcassonensem, Prulianum extra, f. Radulphus de Fonte;

Conventus (f° 353 B) Tholosanum, Appamiensem, Castrensem, Albiensem, Rivensem, f. W^us^ Fabri;

Conventus Agenensem, Altivillariis (*sic*), Lactorensem, Condomiensem, Morlanemsem, Orthosiensem, Baionensem, Sancti Severi, f. Ber. Andrec;

Conventus Burdegalensem, Sancti Emiliani, Brageriacensem, Petragoricensem, Lemovicensem, Brivensem, f. Ar^us^ Garcie;

Conventus Montis Albani, Caturcensem, Figiacensem, Ruthene, Amiliani, f. P. de Baulenx.

X. Recepcio conventus Cauqui liberi (2).

Recipimus locum apud Cauquum liberum; et ponimus

(1) *A la marge.*

(2) *A la marge.*

ibi conventum, et instituimus ibi priorem f. P. Misse; et assignamus lectorem f. Jacobum de Arullis, fratres Berengarium de Turre rubea, P. Blanchi, Arm de Quareto, Jo. Caboti, Arm Johannis, Ber. Guilla, G. de Verneto, Arm Senhorelli, G. Geraldi, R. de Furno Biterrensem; conversos fratres Poncium de Terracio, Arm de Sancto Clemente.

XI. Iste sunt admonitiones.

1. Ordinamus quod fratres missi ad studia naturalium et logyce nove ad conventus ad quos missi fuerint pertineant usque ad sequens provinciale capitulum, nisi de ipsis interim aliter fuit ordinatum.

2. Item, inhibemus districte ne juvenes insolentes mittantur ad studia logice, et si qui tales missi fuerint ad hujusmodi studia, priores illorum conventuum ad quos missi fuerint remitendi eos ad conventus de quorum predicatione sunt, de trium seniorum consilio liberam habea[n]t potestatem. Idem dicimus de assignatis studiis naturalium.

3. Item, volumus et mandamus quod priores vel eorum vicarii fratres suos extra terminos sue predicationis non mittant absque literis testimonialibus, et absque trium fratrum consilio discretorum, nisi forte fratres licenciandi predicatores generales existant; quod si aliter factum fuerit, tam priores quam predicti vicarii, pro qualibet vice in pane et vino abstineant una die; fratres vero qui ad aliquem conventum declinaverint contra formam predictam in pane et vino similiter abstineant una die.

4. Item, ordinamus et inhibemus districte fratribus universis quod peccuniam, aurum, vel argentum, vel lapides preciosos, nisi de expressa licencia extra commune depositum tenere presumant; quod si contra

fecerint et infra quindenam a sciencia presentis ordinationis se non corexerint, ipsam rem in qua delinquerint ex nunc pro tunc conventibus ad quos ipsi fratres pertinuerint assignamus.

5. Item monemus priores et eorum vicarios quod compellant fratres ad sedendum in (fº 354 A) terra pro fractione silencii, secundum tenorem constitutionum nostrarum, cum multi fratres noscantur plus solito reprehensibiles in hac parte, et quod similiter frangentes silencium in mensa ad faciendum penitentiam talibus debitam infra certum tempus compellantur.

XII. Suffragia pro vivis. Summa X misse, pro mortuis due misse (1).

Ista (sunt) suffragia pro vivis: pro domino rege Majoricarum, etc., quilibet sacerdos duas missas, etc. Pro quadam persona que misit capitulo XL libr. et pro recommandatis ab ea quilibet sacerdos II. missas, aliam pro vivis et aliam pro defunctis.

Ista sunt suffragia pro defunctis: pro domino Gastone quilibet sacerdos I. missam; pro domina Sibilta uxore condam domini Almarici de Narbona in conventu Narbonensi sepulta quilibet sacerdos I. missam, etc.

XIII. Diffinitor capituli generalis (2).

Diffinitor capituli generalis f. Ber. de Trilia, magister in Theologia, socius ejus fr. R. Humaudi, prior Tholosanus.

XIV. Assignamus studentes Parysius fratres P. Gr., Hugonem Mascalli, Berengarium Alphandi.

XV. Assignatio capituli provincialis (3).

(1) *A la marge.*
(2) *A la marge.*
(3) *A la marge.*

Capitulum sequens assignanus in Biterri in Exaltatione Sancte Crucis(1); et fratres ad capitulum venientes non intrent locum capituli ante diem immediate vigiliam capituli precedentem.

Item, monemus et ordinamus quod fratres ad capitulum non ducant nuncios sine necessitate probabili; et si contingat quod aliqui ducantur, inhibemus prioribus per quorum conventus transierint et etiam in loco capituli ne infra cepta monasterii eos recipiant, nec eis necessaria administrent.

XVI. Iste sunt penitentie.

Visitatoribus assignatis per capitulum qui visitare hoc anno sine necessitate inevitabili obmiserunt, injungimus III, dies in pane et vino.

XVII. Sententias judicum approbamus.

(1) Postea fuit mutatum tempus capituli in festo Assumpsionis Beate Marie. *A la marge.*

IV

LETTRE DU VICAIRE DE LA PROVINCE ET DES QUATRE DÉFINITEURS DU CHAPITRE PROVINCIAL DE 1290 A NICOLAS IV.

[F° 354 A] Sanctissimo Patri et domino domino Nicholao pape IIII° sui subjecti filii frater Ber. [de Trilia] prioris provincialis in provincia Provincie ordinis Predicatorum vices gerens, fr. R. prior Tholosanus, fr. Jo. Vigorosi, prior Montispessulani, fr. Guirannus, fr. Guillermus de Sancto Genesio, quatuor diffinitores provincialis capituli in Appamiis congregati se ipsos ad pedum oscula beatorum.—Sevi doloris anxietas ex diri vulneris quod patimur proveniens novitate usualem loquendi stilum intercipit, et pene nobis vitalem alitum intercludit, ita ut indefessis et altis precordiorum nostrorum suspiriis prepediti, que paterne Sanctitati declarare cogimur vix possumus. Quanto enim plaga molestior e vicino nos percutit, tanto pertingit profundius [f° 354 B] et gravius nos affligit. Recepimus itaque a nostro capitulo generali Sanctitatem Vestram venerabilibus patribus et dominis reverendis domino fratri Latino Hostiensi ac Veletrensi episcopo et domino fratri Hugoni tytulo Sancte Sabine presbitero cardinali commisisse, ut ipsi domini asserebant, quod super fratres ordinis, correctionis, reformationis, institutionis ac destitutionis prelatorum ordinis quorumcumque officium valeant exercere; quo noster auditus tanta admiratione obstupuit, ut ipsa petitio ac petitionis ipsius concessio animos in stuporem adduceret, oculos in lacrimas solveret, corda in merorem converteret, corpora coge[re]t in tremorem. Cum enim vestre clemencie pietati que nos sua benignitate a jugo subjectionis prelatorum nuper exemerat ad graciarum uberes actiones juxta nostram modicam spiritualium facultatem assurgere pararemus et conaremur, sicut facimus et tenemur, prefatis rumoribus perturbati pro gravioris oppressionis revelatione, apud Vestram prudenciam studiosis rationibus cogimur allegare, quod prefata petitio et ejusdem concessio quantum advertere possumus, salva tamen in omnibus reverentia dominorum, que cum paciencia ferre solet si non fiat aliquociens quod imponit, dummodo causa rationabilis ostendatur. Juri non convenit; rationi obsistit; professionis nostre ordini contradicit.

Nullo enim jure, quod novimus, reperimus aliquem religionis statum usque ad ista tempora alicui cardinali, ne duobus dixerimus, sit subjectum, et quod nature videtur esse contrarium unum corpus duobus capitibus sic subditum extitisse, nec posset faciliter cogitari, quot et quanta inconveniencia, si staret hujusmodi ordinatio, sequere[n]tur. Cum enim non sint in hac vita mutabili dominorum cardinalium immutabiles voluntates posset contingere in futurum ut in dispositionibus et ordinationibus ordinis discordarent; et tunc totus ordo confusioni, et turbationi, vel divisioni necessario subjaceret, parendo aut alteri, aut utrique, aut neutri predictorum. Que autem jubet equitas, que pietas persuadet, ut alicujus religionis status tanto paterne sollicitudinis studio, tanto dilectionis affectu in libertatem spiritualem evectus, tanto nutritus benignitatis beneficio ac promotus, sine culpa sua servituti subdatur solito graviori; quod si forsan pro predictis dominis velit aliquis respondere culpam aliquam ordinis extitisse, clarissime profitemur quod in multitudine tanta [f° 355 A] in presenti vita sine offensis aliquibus non potest diu aliquis status esse. Set fidenter asserimus quod in nostro ordine, quantum scire permitamur, cum deffectus aliqui vel excessus ad noticiam pervenerunt ceterorum comparatione statuum reliquorum optime corriguntur, nec per predictos dominos, ut videtur, qui multis sunt negociis occupati, melius possent corrigi facta nostra quam per prelatos ordinis qui talibus vigilant et insistunt. Sane, si a dictis dominis aliquorum clandestinis suasionibus in ceterorum derogationem et dispendium sine certo reorum examine creditur ut eorum litteris suadetur, cur testificationibus certis fratrum prelatorum ac subditorum ordinis hominum utique omni exceptione majorum in bonorum verax preconium non credatur?

Rursum predicta concessio obsistit pariter rationi. Poterit enim contingere ut post dictos dominos supradictos eorum titulis succedant homines seculares, qui non libenter, ymo nec aliqualiter sustinerent quod ipsorum cardinalatuum tytulis in aliquo derogaretur, et sic status nostre religionis habere videbitur capita monstruosa, cum alterius conditionis sit corpus totum et alterius capita, sicut noscis. Adhuc novit Vestra Sanctitas reverenda, quam sacre religionis status aluit et nutrivit et usque ad profectum, Christo faciente, provexit, qualiter facta religiosorum pensant et ponderant homines seculares; et utrum conveniat rationi aut congruat pietati quod facta familiaria religiosorum passim tractentur et disponantur per homines seculares.

Amplius autem predicta concessio nostre professionis ordini contradicit. Nos enim soli Magistro ordinis vel vice ejus alteri obedientiam profitemur, nec ultra nostre professionis formam preter communium jurium observanciam, juxta sanctorum patrum sanctiones, est a nobis aliud exigendum, cum ultra id se nostra professio non extendat. Ad verborum autem compendium interim taceatur quod si predicta concessio, quod advertat Dominus, stare debet, increscet subditorum irreverentia ad prelatos, delictorum impugnitate fiducia, evagationis materia concedetur, dissolutionis ordini occasio tribuetur, et sic, que pio forsan desiderio concepta fuerant, exicialem exitum sortientur. Aperite igitur nobis, Pater Sanctissime, januam pietatis; et paterne affectionis viscera ad afflictos filios dilatate; pateant aures vestre devotorum affectuosis precibus filiorum, et quos ad obtatam [f° 355 B] libertatem per exemptionem sola vestra benignitatis gracia provexistis, in libertate solita conservate ; et concessionem prefatam, que revera multa inconvenientia continet, propensioris providencie gratia revocate. Ut enim Vestre pateat Sanctitati ex quanto cordis affectu porrigimus preces istas, cum dolore cordis amarissimo promimus quod plerique nostrum pocius mortem corporalem eligerent, aut, quod eis gravius morte foret, ad statum religionis alterius se transferrent, quam vellent predicte se subjici servituti. Reverendum quoque patrem Magistrum ordinis nostri quem ut causa rationabili interim nos cogente ad epistolas commendaticias convertamus, certitudinaliter novimus secundum carnis originem excellenter natum, excellenter dotatum, excellenter sensatum, secundum vero ordinem excellenter morigeratum et ab annis ineuntibus in hiis que sunt ordinis excellenter informatum, excellenter in hiis que ad Dominum, quantum novimus, timoratum, et in regimine ordinis multis clarorum virorum et apud vestram reverenciam testimoniis commendatum, ut remaneat in officio magistratus. Usque enim ad hanc horam sub ipsius regimine fuit status nostri ordinis ordinatus, regulatus, pacificus et tranquillus, sicut in nostra provincia experiencia nos docebat, et in aliis provinciis fidem dabat; et hoc idem speramus in posterum obtinere, cum ipse Magister et ordo per benignam vestre pietatis clementiam fueri[n]t in statu solito stabiliti. Quapropter Sanctitati Vestre humiliter supplicamus ut remaneat in officio magistratus. Ceterum ne ingrati divine gratie videamur, actenta consideracionis acie, sollicitos et attentos redimus nosmetipsos altis preconiis nomen Domini personare gloriam laudi ejus qui nos et nostre devocionis excitationem ad nostre debilitatis et infirmitatis recognitionem tot periculis subjici, tot anxietatibus affici, tot persecutionibus obici, tot naufragiis concuti, aliquo tempore de occulta sua providencia permissurus tale tempus est dignatus eligere in quo ad vos tanquam ad refugium tutissimum, consolatorem dulcissimum, portum solidissimum, protectorem fortissimum, confugere fiducialiter valeamus. Ad honorem sui nominis et exaltationem et promotionem fidei christiane et tranquillum sue ecclesie statum conservet personam vestram per tempora longiora divine dignationis majestas. Datum et nostris sigillis sigillatum apud Appamias in nostro capitulo memorato, anno Domini M°CC°XC°.

V

APPEL AU SAINT-SIÈGE

[F° 356 A] In Christi nomine, amen (1). Nos N. N. talis et talis specificatis nominibus singulorum et officiis qui erant de corpore capituli, attendentes quod littere commissionis, auctoritatis seu potestatis concesse a Sanctissimo Patre domino Nicholao Papa IIII° venerabilibus patribus domino Latino, Hostiensi et Veletrensi episcopo, et domino Hugoni, tytuli Sancte Sabine presbitero cardinali, super personas ordinis nostri, ut ipsum ordinem universum corrigendi, ordinandi, disponendi, absolvendi et nonnulla alia faciendi, fuerint impetrate per suggestionem falsitatis de collapsu ordinis et negligencia discipline, et suppressa veritate de bono statu ordinis et religione, sicut patet per famam publicam et ipsam evidenciam facti, quare predictus ordo noster, scilicet ordo predicatorum, noscitur in bono statu esse et bona et debita observancia regulari; et quod tales littere sic obtente, cum non sint judiciales sed graciose, ipso jure sint effectu nulle, dicimus dictam commissionem nullam esse, et ideo dictos dominos cardinales circa ordinem vel personas ipsius ordinis nullum processum potuisse facere, nec posse, nec debere; et ne procedant ad aliquem processum faciendum circa ipsum ordinem vel personas ipsius ordinis, pro nobis omnibus

(1) Fr. Ber. Grandis Caturcensis et fr. R. Gilaberti tunc prior Castrensis procuratores pro capitulo constituti iverunt ad Curiam Romanam, et sine fructu vacui redierunt. — *A la marge.*

et singulis et tota nostra provincia ad Sedem Apostolicam appellamus et apostolos instanter petimus.

Acta et publicata fuit exceptio et appellatio interposita in ipso provinciali capitulo, presentibus talibus testibus ad hoc vocatis et rogatis, scilicet fatribus aliquibus qui non erant de corpore capituli, inter quos fuit unus frater Martinus Dona Dei, sub anno Domini M°CC°XC°, indictione tali, die tali, in cujus rei testimonium nos fr. Ber. de Trilia, prioris provincialis vices gerens, et N.N. diffinitores capituli provincialis sigilla nostra huic exceptioni et appellationi duximus apponenda; et ego talis notarius, etc., more suo (1).

(1) Ad litteram enim notarius secularis interfuit et recepit. — *A la marge.*

VI

LETTRE DU CHAPITRE PROVINCIAL DE 1290 A L'UNIVERSITÉ DE TOULOUSE

[F° 356 B] Viris venerabilibus ac dominis providis et discretis domino Ysarno de Sancto Paulo, venerabili Cancellario, rectoribus quoque, dominis doctoribus, ac magistris, ac universitati studii Tholosani, fr. Ber. [de Trilia] prioris provincialis ordinis predicatorum in provincia Provincie gerens vices, et difinitores capituli provincialis in Appamiis congregati salutem, et celestium plenitudinem graciarum. — Litteris vestre providencie ad nos missis clarius nobis innotuit, quantum ad utilitatem Tholosani studii, ad honorem ordinis nostri, necnon ad multiplex commodum Tholosane civitatis et tocius rei publice vestra feratur intentio, que quanto sibi utiliorem finem prestituit, tanto est sollerciori studio, diligentiori, devotiori et provitiori animo, favoris obsequio, officio prosequenda. Propterea (1) quantum nostre subjacet facilitati, votis vestris libenter annuimus, favemus precibus et rationibus assentimus. Temerarium namque (2) est rationem ratione non flecti, ad devotos devocione non affici, et subjectos dominorum precibus non moveri, presertim cum ea que rogatis sint rationi consona, grata affectui et per omnia communis utilitatis finem intendencia (3) secundum divinas leges pariter et humanas. Verumptamen discretionem vestram

(1) *Quapropter*, dans le ms. 488, f° 51 *a*, de la Bibliothèque publique de la ville de Toulouse.

(2) *Enim*, dans le ms. 488.

(3) *Intendencia*, manque dans le ms. 490.

latere non volumus quod apud nos ordinatio nostri studii generalis quantum ad magistros et bacallarios ad reverendum patrem Magistrum nostri ordinis pertinet, secundum statuta nostra ; qui, cum sit in remotis partibus, nec per nos nec per vos ad presens adiri potest, ut super hiis ejus beneplacitum habeatur. Deest insuper reverendus pater prior provincialis noster quem credimus, quantum de ratione poterit, vestris ac nostris velle favere precibus, votis obsequi et persuasionibus inclinari. Quapropter, ut votis vestris ac nostris plenius satisfiat, ymo quia, nisi sic fieret, laboraretur in vanum, necesse est dictorum patrum, precipue dicti Magistri, ac prioris provincialis provincie nostre, prestolari consilium et assensum, ut sic ex influencia capitis nostri, quantum ad nos pertinet, moveantur membra, disponantur officia, et quecumque suis limitibus regulentur ; quare ad presens precibus reverencie vestre satisfacere plene non possumus, nisi in tantum quod cum vestra et nostra pariter concurrat intentio, et quod in scolis nostris interim de bonis provideatur doctoribus, quod et fecimus, quantum rationabiliter potuimus, utinam tam utiliter quam libenter. Ceterum, quia plene confidimus [f° 357 A] preces vestras ex rationis pendere judicio, idcirco securius eas auribus benigvolencie vestre offerimus, supponentes quod in conspectu vestro qui ratione regitur, jure movetur ac amicicia speciali ad nostrum ordinem inclinatur exauditionis effectum sorcientur optatum, videlicet quod attendat vestra discretio, nos super digne postulatis a vobis non posse amplius facere, nisi ut expectare vobiscum, ut dictum est, superriorum nostrorum beneplacitum et consensum. Quia vera vestra devocio orationum nostrarum postulavit suffragia, noveritis, etc.

VII

ACTES DU CHAPITRE PROVINCIAL DE 1310

[F° 407 A] In nomine Patris, et Filii, et Spiritus Sancti. Amen.

Acta capituli provincialis in Appamia in festo beate Marie Magdelene celebrati, anno Domini M°CCCX°.

I. Prior provincialis fr. Guillermus de Anhanis, qui fuit absolutus a provincialatus officio penultima die capituli, per litteram Magistri ordinis.

Diffinitores vero fuerunt:

Frater Bertrandus de Rocovilla, prior Tholosanus;

Frater Lupus, prior Baionensis;

Frater Jo. de Faubeto, prior Burdegalensis;

Frater Arnaldus de Barreria, lector Tholosanus (1).

II. Absolutio priorum (2).

Absolvimus priores Montisalbani, Figiacensem, Ruthenensem, Sancti Emiliani, Tholosanum, Rivensem. Et ordinamus quod supradicti priores absoluti non eligantur in eisdem conventibus isto anno; ac eosdem conventibus ad quorum predicationes pertinent, assignamus.

III. Receptio conventus Sancti Geruncii (3).

Ad instantiam nobilis et potentis viri domini Arnaldi de Hyspania, vicecomitis Coseranensis, ponimus conventum in Sancto Geruncio, dyocesis Coseranensis, et

(1) A la marge.

(2) A la marge.

(3) A la marge.

ibidem instituimus priorem fratrem Petrum Arnaldi Tholosanum; et assignamus lectorem fratrem Guillermum de Pinherio; et assignamus ibi fratres Guillermum de Sera, Bernardum de Fagia, Arnaldum Barravi, Bernardum de Scalerio, P. de Catavo, Raymundum Gayta, Johannem Deodati, Arnaldum de Caslario, Guillermum Ayroerii, Arnaldum Mancipii de Burgo Sancti Bernardi, Bernardum Decani, R. de Fagia.

IV. Receptio conventus Sancti Juniani (1).

Item, ponimus conventum in Sancto Juniano Lemovicensis dyocesis. Et instituimus ibi priorem fratrem Hugonem de (f° 407 B) Monceran, lectorem vero fratrem Aymericum Martini de Gora. Et assignamus ibidem fratres Bernardum Labessa, Iterium David, Jordanum Orluti, Bernardum Gonela, P. de Viridario, Raymundum de Cambonio, Guillermum Belli, Johannem de Cassanhis, Leodegarium, Raymundum de Martino, Martinum (2) Lemovicensem; conversos, Aymericum Guidonis, Thomam.

V. Lectores Biblie (3).

Assignamus lectores Biblie :

Tholose, fratrem Bernardum Riparie Rivensem;

Baione, fratrem Johannem de Matheo;

Brageriaci, fratrem Aymericum de Miro monte;

Petragoris, fratrem Bertrandum Fulcodii;

Figiaci, fratrem Bernardum de Malo duno.

VI. Lectores Sententiarum (4).

Assignamus lectores Sententiarum :

Baione, fratrem Vitalem de Fontibus orbis;

(1) A la marge.

(2) A la marge.

(3) A la marge.

(4) A la marge.

Petragoris, fratrem Hugonem de Sancto Marciale ;
Brageriaci, fratrem Ademarium Arnaldi ;
Figiaci, fratrem Geraldum de Ponte.

Et isti cum diligencia legant, et suas de Sententiis continuent lectiones. Lectores autem Biblie solum de Biblia legant, et disputent de quidena in quidenam, et de quolibet, bis in anno.

VII. Lectores Theologie (1) [et sublectores].

1. Assignamus lectores in Theologia :
Lemovicis, fratrem Hugonem de Noalhas ;
Brive, fratrem P. de Goderiis ;
Ruthene, fratrem Guillermum Riparie ;
Condomii, fratrem Bernardum Brictii ;
Castris, fratrem Guillermum de Bel Affar ;
Appamie, fratrem Guillermum Dulcini ;
In Sancto Gaudencio, fratrem Guillermum de Solano ;
In Alto villari, fratrem Durandum Honorati ;
In Lectora, fratrem P. de Castro ;
Orthesii, fratrem P. Ar[l] de Torronda ;
In Sancto Emiliano, fratrem Arnaldum de Fabricis ;
Albie, fratrem P. Raymundi de Garrico.

2. Sublectores (2).

Ad secundam lectionem assignamus :
Orthesii, fratrem Arnaldum Guillermi de Bedereto ;
Condomii, fratrem Bernardum Carrerie ;
Agenni, fratrem P. de Podio Maurini ;
Burdegalis, fratrem Hugonem Bochardi ;
In Castris, fratrem Geraldum de Miro monte ;
Carcassone, fratrem Bernardum Pauli.

VIII. Studentes in Theologia (3).

(1) A la marge.
(2) A la marge.
(3) A la marge.

Assignamus studentes in Theologia :

1. Tholose, fratres Arnaldum de Monte deserti, Durandum de Portello, Guillermum Gilaberti, Arnaldum de Roseriis, R. de Rupe, Raymundum Ferraterii, Jordanum de Miro monte, Bertrandum de (f° 408 A) Manso, Audebertum Lemovicensem, P. de Caslario, Johannem de Porcinis, Stephanum Agni, P. de Casellis, P. de Podio, Jacobum Brossonis, Guillermum de Volveriis, Poncium (1) de Foyssaco, Bernardum Baudini, Rotbertum de Solmiaco, Deodatum Angilberti, Galhardum de Poieto, Paulum de Alhanhano, Arnaldum Vigerii, P. de Tholosa, Geraldum de Podancs, Arnaldum de Rivis, Raymundum de Duro forti ;

2. Burdegalis, fratres Arnaldum de Bornalesio, P. Fabri Brageriacensem, Vitalem de Reganhaco, Sycardum Matfredi, Vitalem de Monte Aynerio, Arnaldum de Ordelano, Bonefacium, Dominicum de Salinis, P. de Superva, Johannem de Domo, Geraldum Bareti, Geraldum Maurelli, Jacobum de Monte acuto, Guillermum Garrici, Guidonem de Ventodoro, Aymericum de Morlhone, Johannem Fabri, P. Raymundi Autaldi, Bernardum de Auriaco, R. Ademarii, R. Talafer, R. Barta, Bernardum Martini, Johannem de Monte Saunerio, Geraldum Durandi ;

3. Carcassone, fratres Guillermum de Flaciano, Bartholomeum de Orto, Arnaldum Petri, Bernardum Mercerii, Johannem Stephani, Augerium, P. Rigaldi, Sycardum de Albina, Jordanum Sicredi, P. de Symeone, P. Fabri Castrensem, R. de Rupe Albiensem, Ar^{m} Joleni, Guillermum de Salavidiri, Bernardum Porquerii ;

4. Lemovicis, fratres Helyam de Ranconio, Johan-

(1) A la marge.

nem de Lachyesa, Rotbertum Manhani, Ber. de Mortua gutta, Ber. Radulphi, P. de Martello ;

5. Caturci, fratres Ber. de Gaurano, Bonum hominem, Raymundum de Sancto Hylario, Hugonem Peregrini ;

6. Agenni, fratres Arm Maurini, Raymundum Grima, Bartholomeum Dartigassa, Petrum Vinharerii ;

7. Condomii, fratres Bernardum de Terduc (?), Ber. de Podensano, P. Guillermi de Caresa.

IX. Studentes Biblie (1).

Assignamus studentes in studio Biblie et Sententiarum :

1. Baione, fratres P. Fabri, Aymericum de Rovihano, Arnaldum de Sancto Felice, Ber. de Bisos, P. de Rama, Dominicum de Priore ;

2. Brageriaci, fratres Jo. La Genesta, P. Bernardi Brageriacensem, Bertrandum Gosini, R. de Serone, Poncium [f° 408 B] de Claro monte, P. Sycardi ;

3. Petragoris, fratres Gaubertum de Roseto, Geraldum Pellicerii, P. de Bureya, Guillermum Jaurelli, R. Rotberti, Helyam Talafer, Bertrandum Freselli ;

4. Figiaci, fratres P. de Medis, P. de Sera, Bartholomeum de Baro.

Ceteros autem studentes in Theologia qui in istis actis non nominantur ad conventus ad quorum predicationem pertinent revocamus, sive per acta, sive per litteras fuerint assignati.

X. Studia naturarum (2).

Assignamus studia naturarum.

1. Primum ponimus in Petragora ; lectorem fratrem

(1) A la marge.
(2) A la marge.

P. Bruni; auditores, fratres Helyam Vigerii, R. de Perusello, Reginaldum Clareti, P. de Exauduno, Jacobum de la Farga, Stephanum Rocho, Ber. de Monte alto, Guidonem Boscoti.

2. Secundum ponimus in Burdegalis; lectorem fratrem Fortanerium de Petra longa; auditores, fratres Arnaldum Regis, P. Johannis, Bertrandum de Castanho, R. de Rivo, Augerium de Ferris, Hugonem de Alto villari, R. de Frontinhano, Ger. de Filacio.

3. Tercium ponimus in Baiona, lectorem fratrem P. Bernardi; auditores, fratres Bernardum de Ta[illegible]yrort, P. de Castro, P. de Monte, Bernardum de Cicerato, Guillermum Ar[i] de Pogeto, Ber. de Vallibus, Vitalem de Pomariis, Arnaldum de Pontosio.

4. Quartum ponimus in Alto villari; lectorem, fratrem Arnaldum de Sancto Michaele; auditores, fratres Bernardum de la Serra, Ber. Ferrandi, P. Vasconis, Poncium Aymerici, Guillermum Stephani, Ar[m] Guill. de Murello, Sicredum Gosini, P. de Bec.

5. Quintum ponimus Carcassone; lectorem fratrem Berengarium Gothi; auditores, fratres, R. Andree, Guillermum Radulphi, Poncium Garini, Guillermum Boerii, Philippum Teroeni, Ber. de Podio, Guillermum Garssie, P. de Monte layco.

6. Sextum ponimus in Castris; lectorem fratrem Bertrandum Pellicerii; auditores, fratres Ber. de Perigosio, Arnaldum de Cumba cava, Stephanum Caverii, Ber. de (f° 409 A) Viridario, P. de Trolacon (?), Johannem Ciceronis, Vitalem de Galanciano.

7. Septimum ponimus in Caturco; lectorem, fratrem Helyam de Ferrariis; auditores, fratres Berengarium Raymundi, Guidonem Rotberti, P. de Pireto, Raterium de Stayrach[o], Bertrandum Gualiberti, Amalvinum, Geraldum de Causencs, P. de Verduno.

XI. Studia arcium (1).

Assignamus studia arcium :

1. Pro conventibus Baionensi, Orthesiensi, ponimus studium in Orthesio, lectorem fr. Garssiam Ar[i] de Salinis.

2. Pro conventibus Sancti Severi et Morlanensi, ponimus studium in Sancto Severo ; lectorem fr. Arnaldum de Clauseto.

3. Pro conventibus Lectorensi, Condomiensi, Alti villaris, ponimus studium in Condomio, lectorem fr. Fortanerium de Salis.

4. Pro conventibus Burdegalensi, Agennensi, ponimus studium in Agenno ; lectorem fr. Guillermum de Lagrava.

5. Pro conventibus Sancti Emiliani, Brageriacensi, Petragoricensi, ponimus studium in Brageriaco, lectorem fr. P. de Saumaco.

6. Pro conventibus Lemovicensi, Brivensi, ponimus studium in Briva ; lectorem fr. Bernardum Capreoli.

7. Pro conventibus Caturcensi, Figiacensi, ponimus studium in Figiaco ; lectorem (fr.) Amelium Hugonis.

8. Pro conventibus Ruthenensi, Albiensi, Montisalbani, ponimus studium in Montealbano ; lectorem fr. Maurandum.

9. Pro conventibus Tholosano, Rivensi, Sancti Gaudencii, ponimus studium in Sancto Gaudencio ; lectorem fr. Guillermum de Cortallo.

10. Pro conventibus Appamiensi, Castrensi, Carcassonensi, ponimus studium in Appamia ; lectorem fr. Johannem de Rivis.

Et ordinamus quod quilibet prior vel ejus vicarius, de consilio lectoris, si presens fuerit, et trium vel quatuor discretorum, possit mittere tres fratres et con-

(1) A la marge.

ventus Tholosanus quinque ad conventum sue combinacionis; et sic missi ad conventus ad quos mittentur pertineant, cum ad eosdem pervenerint et non ante. Et inponimus consciencii priorum et vicariorum et aliorum qui super hoc fuerint requisiti, quod mittant in moribus et sciencia fratres (fº 409 B) aptos.

Et ne studia naturarum et arcium confundantur, volumus et ordinamus quod nullus prior vel ejus vicarius aliquem de assignatis pro studio naturarum vel arcium possit mittere vel recipere alibi quam ubi sunt in actis capituli assignati, nec auditores arcium extra sue combinationis studium possint mittere vel recipere, sine prioris provincialis vel ejus vicarii licencia speciali.

Et ordinamus quod conventus quibus priorum electio imminebit facienda, non teneantur studentes in qualibet facultate noviter assignatos in suis electionibus expectare. De lectoribus naturarum et arcium idem volumus observari.

XII. Visitatores VI. (1).

Isti visitabunt hoc anno :

1. Conventus Baionensem, Orthesiensem, Sancti Severi, Morlanensem fr. P. Raymundi de Orto ;

2. Conventus Agennensem, Condomiensem, Altivillaris, Lectorensem, locum Pontis viridis extra, fr. Arnaldus Guillermi de Lordato ;

3. Conventus Burdegalensem, Sancti Emiliani, Brageriacensem, Petragoricensem, locum Sancti Pardulphi extra, frater Atho de Moreriis ;

4. Conventus Lemovicensem, Brivensem, Figiacensem, Ruthenensem, Sancti Juniani, frater Bernardus de Bono fonte ;

5. Conventus Caturcensem, Montisalbani, Albiensem, Castrensem, frater P. Arnaldi de Arrione ;

(1) A la marge.

6. Conventus Tholosanum, Carcassonensem, Appamiensem, Rivensem, Sancti Gaudencii, Sancti Geruncii, Prulianum extra, frater Arnaldus de Bosco.

XIII. Moniciones et ordinaciones (1).

Iste sunt admoniciones et ordinaciones.

1. Volumus et ordinamus quod quilibet prior fratribus sui conventus qui defectum in vestibus pacientur nec sibi aliunde valent providere, teneantur inter festa Omnium Sanctorum et Dominice Nativitatis ad provisionem hujusmodi faciendam.

2. Item, volumus et ordinamus quod ordinacio facta in precedenti capitulo de sequela scolarum diligenter observetur. Volumus tamen quod studentes nostre provincie Theologie studiis assignati, tempore vacacionum, in sequela chori, in questibus et in aliis officiis, sicut et ceteri fratres, valeant occupari.

3. Item, ordinamus quod fratres studiis naturarum et arcium assignati non promoveantur ad sacerdocium sine priorum de quorum predicacione existunt licencia speciali.

4. Item, volumus et ordinamus quod visitatores suas visitaciones incipiant vel iter arripiant (f° 410 A) ad easdem infra octabam Pasche, nec in conventibus contrahant longam moram; et teneantur suas visitationes infra octobam Trinitatis integre terminasse.

4. Item, injungimus districte prioribus et vicariis eorumdem quod penam de privacione confessionis in suis monicionibus et ordinacionibus fratribus de facili non imponant; nec etiam penitentiam de privacione vocis imponant sine causa multum cogente, et de multorum consilio discretorum.

(1) A la marge.

6. Item, inhibemus in injunctione districta ne fratres missi ad questus pro conventibus faciendis aliquid de questibus ad communitatem pertinentibus sibi applicare presumant.

XIV. Suffragia pro vivis: summa [missarum] XXI (1).

Ista sunt suffragia pro vivis:

Pro Sanctissimo Patre nostro domino Clemente, Summo Pontifice, et bono statu universalis ecclesie, quilibet sacerdos III. missas;

Pro dominis Cardinalibus Hostiensi, Sancte Sabine, Sancti Eusebii (2) et venerabili collegio Cardinalium, quilibet sacerdos I. missam, etc.;

Item, pro venerabili patre Magistro ordinis, quilibet sacerdos I. missam;

Pro inquisitoribus et negacio inquisicionis, et monasteriis sororum Pruliani, Pontis viridis et Sancti Pardulphii, quilibet sacerdos I. missam;

Pro hiis qui benefecerunt capitulo, etc.

XV. Suffragia pro defunctis: summa [missarum] VI (3).

Ista sunt suffragia pro defunctis:

Pro domino Raymundo del Got, quondam dyacono cardinali, quilibet sacerdos I. missam, etc.;

Item, pro fratribus nostris et sororibus, parentibus et benefactoribus, et familiaribus, et pro hiis qui habent litteras de suffragiis ordinis, etc., quilibet sacerdos III. missas, etc.

Pro qualibet missa superius posita quilibet frater non sacerdos VII. psalmos cum letania et quilibet conversus C. *Pater noster* cum totidem *Ave, Maria* dicant.

(1) A la marge.

(2) *Isti erant de ordine nostro.* A la marge.

(3) A la marge.

Significamus fratribus universis quod venerabili patri domino Bernardo Saysseti Dei gratia Episcopo Appamiensi, et nobili viro domino Arnaldo de Hyspania, et domine Philippe consorti sue, per capitulum est concessum, quod, post obitus eorum, fiat per totam provinciam sicut pro fratre conventuali.

XVI. Limitatores (1).

Ponimus limitatores inter conventum Lemovicensem, Petragoricensem, Sancti Juniani, fratres Bernardum de Rocha Mauro, Raymundum Maurelli, et Bernardum Riparie Brivensem.

Item, inter conventus Appamiensem, Rivensem, Sancti Gaudencii, Sancti Geruncii, fratres Arnaldum Pagani, Geraldum de Blumato et Athonem de Moreriis.

Et volumus quod antequam (f° 410 B) exeant locum capituli ad predictam limitationem dent operam efficacem.

XVII. Studentes (2).

Assignamus studentes Parisius fratres Guillermum de Peralto et Petrum de Oratorio;

In Montepessulano, fratres Deodatum Mogerii, Ar^m Raterii, Guillermum Vitalis, Sancium de Borderiis.

XVIII. Assignacio capituli (3).

Sequens provinciale capitulem assignamus in conventu Burdegalensi, in festo Assumptionis Beate Marie. Et interdicimus quod fratres ad locum capituli non accedant, nec conventus suos exire presumant cum proposito ad capitulum veniendi, sine licencia speciali (4); alioquin, interdictionis hujusmodi trans-

(1) A la marge.

(2) A la marge.

(3) A la marge.

(4) *Modus loquendi novus et improprius et insufficiens*. A la marge.

gressores ad duos annos ex nunc pro tunc voce privamus.

XIX. Diffinitor capituli generalis frater Guillermus de Anhanis, cui socium assignamus fratrem Guillermum de Sebclano, priorem Agennensem.

XX. Sententias judicum aprobamus.

VIII

ACTES DU CHAPITRE PROVINCIAL DE 1326

[F° 449 A] In nomine Patris, et Filii, et Spiritus Sancti. Amen.

Hec sunt acta capituli provincialis in Appamia celebrati, anno Domini M°CCC°XXVI°, dominica ante festum B. Johannis Baptiste.

(F° 448 B) I. Absolvimus priores Rivensem, Sancti Gaudentii, Sancti Severi, Brageriacensem, Condomiensem, Agennensem, Bellividere, Orthesiensem, Baionensem et Tholosanum. Et eos conventibus de quorum predicatione sunt assignamus. Et ordinamus quod priores hoc anno per acta vel per litteras ad eadem officia in eisdem conventibus nullatenus assumantur.

II. Assignamus lectores in Theologia :

Caturci, fratrem Bertrandum Frezelli ;

Petragoris, f. Ber. Sabbaterii ;

Burdegalis, lectorem Sententiarum f. Bertrandum de Albigesio ;

Condomii, f. Poncium de Foyssaco ;

Brageriaci, f. Bernardum Capreoli ;

Appamiis, f. Germanum Cardone ;

Figiaci, f. Guidonem Robberti ;

Lectore, f. Bartholomeum de Serra ;

In Sancto Gaudencio, f. Matheum Coste ;

In Morlanis, f. Dominicum de Momino ;

In Sancto Severo, f. Ar^m^ Pet^i^ de Peyreto ;

In Sancto Emiliano, f. R. Baione ;

In Marciaco, f. Germanum Fabri ;
In Rivis, f. Ar^m Babonis ;
In Sancto Juniano, f. Pet^m Vitalis.
III. Assignamus ad legendum Sententias :
In Albia, f. Garnerium ;
Petragoris, f. P. Arimarii.
IV. Assignamus ad secundam lectionem :
In Lemovica, f. P. de Pruno ;
In Brageriaco, f. R. Tegularii ;
In Carcassona, f. Galhardum de Recelhs ;
In Limoso, f. Guillermum Maurini ;
In Sancto Geroncio, f. A. de Manso ;
In Figiaco, f. Guidonem de Belloforti ;
In Baiona, f. Geraldum de Mauriaco ;
In Rivis, f. A. de Sancto Ylario ;
In Altovillari, f. B. de Bosco ;
In Sancto Severo, f. G. Ar^l de Tholosa ;
In Montealbano, f. Gaubertum Legeti ;
In Bellovidere, f. Belum hominem ;
In Orthesio, f. G. Ar^l de Carreria ;
In Morlanis, f. P. de Fitano ;
In Sanco Gaudentio, f. P. Servali ;
In Marciaco, f. G. Vigerii ;
In Briva, f. Hugonem Catelli ;
In Agenno, f. Begonem ;
In Caturco, f. Jacobum Bartholomei ;
In Sancto Emiliano, f. Jo. de Crota.
V. Assignamus studentes in Theologia :
Assignamus magistrum studentium in Tholosa, f. Aymericum de Magriano ;
Tholose, fratres Jo. de Coione, et ceteros ;
In Burdegalis, f. Jo. de Molendino, et ceteros ;
Carcassone, f. Stephanum de Malo e se et ceteros ;

Caturci, f. Poncium de Arris, et ceteros.

VI. Assignamus studia naturarum.

Primum ponimus in Morlanis, lectorem f. Ar^m de Carressa; auditores f. P. de Claraco, et ceteros.

Secundum ponimus in Condomio, lectorem f. P. de Martoreto; auditores f. A. de Raulensis, et ceteros.

Tercium ponimus in Agenno, lectorem f. P. Furnerii; auditores, f. G. de Brasco, et ceteros.

Quartum ponimus (f° 449 B) in Sancto Gaudencio, lectorem f. Jo. de Scarraco; auditores, f. R. de Podio, et ceteros.

Quintum ponimus in Lectora, lectorem f. P. Mutonis; auditores f. Michaelem de Biza, et ceteros.

Sextum ponimus in Sancto Geroncio, lectorem f. B. Ortholani; auditores Michaelem Fabri, et ceteros.

Septimum ponimus in Limoso, lectorem f. B. Rotlandi; auditores fratres R. de Sonaco, et ceteros.

Octavum ponimus in Ruthena, lectorem f. B. Bruni auditores P. de Pessolis, et ceteros.

Nonum ponimus in Albia, lectorem f. Poncium Garsie; auditores f. P. Bessi, et ceteros.

Decimum ponimus in Caturco, lectorem f. Gaubertum de Orgolio; auditores f. Galhardum de Montanhagol, et ceteros.

Undecimum ponimus in Lemovica, lectorem f. P. Capelle; auditores f. Aymericum Blanchardi, et ceteros.

Duodecimum ponimus in Petragora, lectorem f. G. de Novavilla; auditores f. Aymericum de Brolhio, et ceteros.

Tercium decimum ponimus in Montealbano, lectorem f. Philippum de Combellis; auditores f. B. Boneti, et ceteros.

Cum autem, sicut experientia probavimus manifesta,

ex eo quod, secundum ordinationem factam in Sancto Geroncio quod idem magister arcium legeret logicam novam et veterem, sequebatur quod, ad hoc quod unus magister perficere posset integre artem utramque, oportebat quod unus biennio legeret, ex quo multi apti omittebantur, de quo isto anno opertuit perplexitas minus urgens; hinc est quod super hoc ordinandum duximus in hunc modum, videlicet quod quilibet assignatorum ad legendum logicam novam ex integro legere teneatur quolibet anno; et imponimus prioribus in quorum conventibus sunt studia naturarum et arcium et [qui] habent aliquos in logica veteri instruendos, quod per magistrum studentium illius facultatis, de consilio lectoris per priorem institutum, quorum conscienciis imponimus quod instituant meliorem, logicam veterem et tractatus eis legere faciant et horam deputent congruentem.

VII. Assignamus studia arcium.

Primum ponimus in Baiona, lectorem f. R. Barravi;
Secundum in Orthesio, lectorem f. B. de Pausaderio;
Tercium in Sancto Severo, lectorem f. A. de Stigarda;
Quartum in Marciaco, lectorem f. G. Raulini;
Quintum in Rivis, lectorem f. P. R[i] de Nogareto;
Sextum in Altovillari, lectorem f. B. Rotlandi;
Septimum in Appamia, lectorem Fabrum Sycredi;
Octavum in Carcassona, lectorem f. P. de Maricalmo.
Nonum in castris, lectorem f. B. de Artisio;
Decimun in Figiaco, lectorem f. A. de Monassuto;
Undecimum in Briva, lectorem f. R. Ebrardi;
Duodecimum in Brageriaco, lectorem f. R. de Badolio;

Tercium decimum in Bellovidere, lectorem f. A. de Villasiscla;

Quartum decimum in Sancto Juniano, lectorem f. Petrum Fabri;

[F° 450 A.] Quintum decimum in Burdegala, lectorem f. Helyam de Grava;

Sextum decimum in Sancto Emiliano, lectorem f. P. de Sala.

Volumus et ordinamus quod omnes lectores cujuscumque facultatis sint in conventibus quibus assignati sunt ad tardius in festo beati Dyonisii [veniant]. Quicumque autem defuerint ipsos lectione privamus. Omnes autem alios fratres qui in istis actis non nominantur, per reverendum patrem Magistrum ordinis ex causis quibuscunque, vel per priorem provincialem, aut per provinciale capitulum quibuscumque conventibus, sive pro studio infra vel extra provinciam assignatos, prior provincialis ad conventus de quorum terminis sunt revocat, et assignat, ex comissione super hoc per Magistrum ordinis sibi facta, exceptis illis qui sunt Parisiensi studio vel sororum monasteriis deputati, aut propter culpam aliquam sunt mutati. Et volumus et ordinamus quod fratres superius assignati sive ad audiendum sive ad legendum in quacumque facultate, a conventibus quibus assignati sunt in suis electionibus minime expectentur.

Assignamus studentes in Theologia Parisius f. P. de Albano et B. de Podio.

VIII. Facimus predicatores generales fratres G^m^ de Ponte, R. de Duroforti, Peregrinum, G^m^ Ripparie, Bertrandum Frezelli, Berengarium Goti, Pontium de Brezis, P. de Furco, P. de Insula, Guidonem Roberti, Poncium de Foyssaco, P. de Verduno, P. Sycardi, P. Guidonis, Guidonem de Ventodoro, Robertum de Solminhaco, R. Barte, Garsiam Barte, Ar^m^ G^l^ de Bedereto, Paulum de Alanhano, Odonem de Lascura, Bertrandum Pellicerii, Jo. de Serone, P. Vasconis, Arm Rl de Castro, B. Sabbaterii, P. Assalhiti, Durandum Honorati, Bartholomeum Glanderie, Jo. Fabri, B. de Bizossio, B. de Tarone, Arm de Fabricis, Maurandum, Geraldum de Podanhs.

XI. Iste sunt ordinationes et admonitiones.

1. Quum Christi milites non decet negociis secularibus implicare, maxime talibus que possunt cedere in periculum vel odium cujuscumque, et aliqui proprio sensui innitentes, dimissis hiis que religionis sunt, non modicum detrimentum patientur, precipit prior provincialis in virtute sancte obedientie, de diffinitorum consilio et assensu, ut nullus frater de cetero quocumque modo, nec verbo, nec scripto, se de negociis secularibus ex se odiosis et litigiosis intromittat; nec procuret quod sibi talia committantur; nec assumat quodcumque (f. 430 B) negocium seculare; aut assumptum presumat assequi, nisi a priore suo licentiam habeat specialem, quam dare non valeat absque consilio et assensu quatuor discretorum qui consueverunt ad consilium vocari; et petens licentiam teneatur causam et negocium explicare; nec plus quam expresserit, virtute licencie, si concessa fuerit, prosequatur. Quod si faciat, tanquam transgressor precepti acrius puniatur et graciis ordinis sit privatus. Priores etiam conventuales absque prioris provincialis licentia sub eodem precepto talia negocia non assumant aut minime prosequantur. Nullus autem cujuscumque auctoritatis existat, sub memorato precepto, de guerris aut guerrarum negociis directe vel indirecte, nec verbo, nec per litteras, aut modo alio, sub pena carceris, ad quam ipso facto reputet se condempnatum, se amodo intro-

mittat; nec sit nuncius talium, nec etiam embayssator; nec mitti pro talibus per quemcumque vel quocumque titulo se procuret.

2. Item, cum causas et negocia, que fratres habent extra provinciam expedire, prior provincialis non debeat ig[n]orare, volumus et ordinamus quod nullus frater *terminos provincie exeat absque prioris licentia* speciali; nec priores conventuales vel vicarii eorumdem hujusmodi licentiam possint dare.

3. Item, cum visitatores pro reformanda religione et non dissipanda mittantur, nec deffectum debeat in aliis corrigere quem habere dignoscitur in se ipso, prohibemus districte ne visitatores in visitatione sua de cetero carnes comedant, nisi necessitatem habeant notabiliter evidentem, nec pecuniam petant vel recipiant pro expensis; set de uno conventu ad alium et ab ultimo usque ad suum proprium, conventus quos visitaverint ipsos ducere teneantur. Inhibemus autem ne de tractatibus se modo aliquo intromittant, cum per subpriorem et conventum agi debeant que pertineant ad tractatum.

4. Item, cum secundum statuta professionis nostre sit omnis curiositas evitanda, ut non vestibus placere set moribus studeamus, volumus et districte imponimus prioribus universis *quod, infra mensem ex quo in conventibus* presentes extiterint, omnem curiositatem tam in vestibus quam in zonis, gladiis, bursis et sotularibus, juxta judicium duorum antiqorum conventus cujuslibet deponi faciant ad modum debitum et in ordine consueto. Quod si facere (f° **451** A) neglexerint aut distulerint, per priorem provincialem per III. menses a suis officiis suspendantur.

5. Item, tricturas carnium in potagiis et in quibuscumque aliis cibis omnino fieri prohibemus, cum talis

esus carnium nostre non congruat honestati, volentes et ordinantes quod priores talem licentiam concedentes in penam in provinciali capitulo absolvantur, subpriores autem per priorem vel per visitatores pena consimili puniantur, vicarii autem priventur per annum officio vicarie.

6. Item, ordinationes preteriti capituli provincialis Ruthene celebrati quod juvenes de mane usque ad prandium locutoria non sequantur, et, magistro audiente, repetant lectiones, et de collatione, presente magistro, post prandium diebus singulis, et examinatione per lectores in adventu et in quadragesima faciendis, et relatione super profectum ipsorum provinciali capitulo exibenda; et ut illi qui crimen in ordine commiserint pro q[u]o mortem in seculari judicio mererentur, carcerali custodie perpetuo mancipentur, nec incarcerati judicialiter vocem habeant in electione prioris; et de peccuniis per priores nullatenus pertractandis, et de portis melius solito custodiendis; ac de juvenibus et noviciis cum diligencia instruendis; et quod assignatis sub conditione beneplaciti priores affirmativam vel negativam infra triduum exprimere teneantur, sub modo et forma et penis ibidem appositis, volumus et imponimus firmiter observari. Omnibus prioribus et lectoribus qui juxta ordinationem de profectu juvenum isto anno relationem presenti capitulo non fecerunt, impominus III. dies in pane et aqua, quos infra III. menses a noticia presentium facere teneantur. Illi autem qui relationem facere neglexerint in futurum, in penam a suis [officiis] absolvantur.

7. Item, volumus et ordinamus quod letania dicatur pro pace dominorum regum Francie et Anglie, eo modo quo reverendus Pater Provincialis post Burdegalense capitulum ordinavit.

X. Isti visitabunt hoc anno :

Conventus Baionensem, Orthesiensem, Morlanensem, Sancti Severi, f. P. de Saunaco :

Conventus Agennensem, Condomiensem, Lectorensem, Altivillaris et locum Pontis viridis extra, f. Dominicus de Bogis ;

Conventus Tholosanum, Carcassonensem, Castrensem, Limosi, et monasterium Pruliani extra, f. P. de Podiomaurini ;

Conventus Appamiensem, Rivensem, Sancti Gaudentii, Sancti Geroncii, f. G. Galaubi ;

Conventus Caturcensem, Montisalbani, Albiensem, Ruthenensem, et Figiacensem, f. G. de Prato veteri ;

[F° 451 B] Conventus Lemovicensem, Brivensem, Sancti Juniani, Bellividere, et locum Sancti Pardulphi extra, f. A. Romani ;

Conventus Burdegalensem, Sancti Emiliani, Bragariacensem, et Petragoricensem, f. P. de Casellis.

XI. Volumus autem quod conventus combinati superius cum Baionensi et Orthesiensi, et combinati cum Agennensi et Condomiensi, et combinati cum Carcassonensi et Castrensi, et qui cum Appamiensi et Rivensi et qui cum Caturcensi et Montisalbani, et qui cum Lemovicensi et Brivensi, et qui cum Petragoricensi et Bragariacensi, ad istos nominatos conventus mittere possint suos novicios in religione et moribus instruendos, juxta ordinationem factam isto anno in capitulo generali.

XII. Assignamus studentes in Montepessulano f. B. de Sensaco, Johannem Andree, Appamiensem, Boszonem de Ruppe, R^{m} de Feno, Guillermum Berengarii.

Assignamus Barchinone f. G. Sabbaterii.

XIII. Summa missarum pro vivis (*Deest*).

Summa missarum pro defunctis (*Deest*).

Pro qualibet missa superius posita quilibet clericus VII. psalmos, cum letania, et quilibet conversus C. *Pater noster* cum totidem *Ave, Maria,* dicant.

XIV. Assignamus studentes Parisius qui supra.

XV. Diffinitor sequentis capituli generalis fr. Hugo de Marciaco magister in Theologia, cui in socium assignamus f. G. Dulcini procuratorem ordinis.

XVI. Sententias judicum approbamus.

XVII. Sequens provinciale capitulum assignamus in conventu Lemovicensi, dominica infra octabam Apostolorum Petri et Pauli. Fratres autem non intrent locum capituli usque ad antepenultimam vigilie dominice memorate, sine provincialis licentia speciali.

Inhibemus autem ne aliquis frater ad capitulum non pertinens ad ipsum capitulum sine licentia veniat, nec loco capituli appropinquat, nec de conventu suo recedat cum proposito ad capitulum veniendi. Quicumque autem contrarium fecerit ad duos annos voce penitus sit privatus.

Denunciamus autem voce privatos et trangressores precepti omnes alios qui sine licentia ad capitulum venerunt, vel loco capituli appropinquaverunt, aut de suis conventibus cum proposito ad capitulum veniendi, antequam haberent licentiam, recesserunt; nec credatur de licentia nisi per litteras alicujus diffinitoris faceret plenam fidem; nec restitutione vocis credatur alicui nisi per litteras prioris provincialis facere possit fidem.

TABLE DES MATIÈRES

PIÈCES JUSTIFICATIVES

IMPRIMERIE PAUL BOUSREZ, 5, RUE DE LUCÉ, A TOURS.

Original en couleur

NF Z 43-120-8

www.ingramcontent.com/pod-product-compliance
Ingram Content Group UK Ltd.
Pitfield, Milton Keynes, MK11 3LW, UK
UKHW021109290826
14628UKWH00014B/1426

9 782012 855076